子育てのゴールは自立やでぇ〜

野口 晶子
NOGUCHI Akiko

文芸社

イラスト：すぎうらゆう
構成：津田淳子

プロローグ

「そんなん自分でやらしいや」

そのママ友はきっぱりと言った。

「えっ、できるん？　カオリまだ二歳やで」

「できる、できる。うちの子はもうなんでも自分でやってるで」

そのママ友はうちの娘のカオリと同い年の双子を育てているのだ。

――ほんまかいな。まだ二歳やで。

私は思わず心の中で突っ込んだ。

だけど、子どもがなんでも自分でやってくれると、私はラクできるな。

ラクできる、ラクできる、ラクできる……という妄想が、何度もリフレインしたのであった。

今思うと、このときが私の〝親業〟の本当の始まりだったのかもしれない。

長女が生まれたとき、「世の中にこんなにかわいいものがあるのか！」と親バカ全開で感激したものだが、この子をどう育てていこうというビジョンはまったくなかった。

夫はもともと何も考えない人である。いや、考えられない人である。ビジョンという言葉がこれほど似合わない男はいない。

言うなれば、私たちは、どこに向かって走ればいいのかわからないままスタートを切った、マラソンランナーのようなものだった。

でも当時は、それが変とも不安とも、なんとも思わなかった。なんせ、毎日めっちゃ忙しくて、そんなことごちゃごちゃ考えてる暇なんて一ミリもなかったのだ。

その頃、私は大阪市の公立中学校の英語教諭として、ややこしいが頼もしい時期の子どもたちや親御さんを相手に、悪戦苦闘していた。

朝七時に娘を保育園に預けて学校に駆け込み、先生業に全力投球し、夜七時までに保育園に駆け込み、娘を引き取る。帰宅すると即、前日に仕込んでおいた料理をオーブンに放り込み、娘をお風呂に入れて、出るやいなや一緒にご飯を食べ、八時に寝かせる。

その後も息つく暇もなく、持ち帰った生徒たちのノートの丸つけをしたり、翌日の授業の準備をしたり……。目を回して倒れないのが不思議なくらいだった。

腹立たしいのは、私がめっちゃ忙しいのを知ってるくせに、残業を口実に、わざと子どもが寝てから帰ってくる夫だ。しかも、それからずっとソファに寝そべってテレビを見ている。

首絞めたろか――と、思わない日はなかった。

こんな私のささやかなストレス発散法が、保育園の送り迎えや保護者会で顔を合わせる、同期のママ友・パパ友とのおしゃべりだった。自分と同じ、初めての子を預けているママさん・パパさんたち、そして上の子がいる先輩ママ・パパだ。

同期でも第二子、第三子を預けている人たちは我々新米ママとは子育ての経験値が違う。なのでママ・パパ初心者の助っ人だったのだ。

私たちは初心者同士で、ちょっとした悩みを話し合ったり、情報交換したり、愚痴をこぼし合ったりしていたし、先輩ママ・パパはそんなもんだと諭してくれたりの毎日。こうして聞いてくれる人がいるだけで、爆発しそうな頭がちょっと冷えるのであった。

その日、私はいつものように何気なく愚痴をこぼした。

「洗濯物取り込むのはいいけど、たたんでしまうの、ほんまに面倒くさいわ。みんなどうしてんの？」

ここで冒頭の双子のママの発言が飛び出したのである。

「自分のものは自分でしまってるで」

「えっ、子どもたちも？」

「カオリちゃんにやらせてへんの？　そんなん自分でやらしいや。できる、できる」

もし子どもがやってくれたら自分もラクできると思うと、私は俄然その気になった。

保育園の先生も「子どもにやらせてくださいね」とおっしゃる。さっそく先生にやり方を教わった。

大事なのは、子どもがやりやすいように、親がうまく設定してやること。自分がやったほうが早いと手を出したくなるのさえがまんすれば、成果はすぐそこに見えてくる。娘も、洗濯物を自分専用の箱に入れるという技を、半月ほどでマスターした。

——やらせたらほんまにできるやん！　そうか、自分でやらせるというのは、こういうことなんや。なんで私はまだ小さいからでけへん、と決めつけてしまったんやろ。

そう思った瞬間、頭の中で何かが弾けた。

実はそれまでずっと、心に引っかかっていた言葉があった。本で読んで気になっていたのか、保育園の先生方から聞いたのだったか、今となっては記憶が定かではないが、その言葉はこういうものだ。

双子のママのママ友
そんな・な・んで自分でやらしいや！
マジで!?!!
2歳に？？
目からウロコ!!
カオリ

「子育ての最終目的は自立させること」

その言葉に触れたとき、ハッとしたのを覚えている。なんか奥の深い教えというか、人間教育の本質というか、額縁に入れて掲げておきたい言葉のような気がしたのである。

そこで私は考えた。

自立って、なんやろ？

子どもが一人で生きていけるようにすること。すなわち、子どもが自ら道を切り開いて、イキイキと幸せに生きること、ではないだろうか。

そこまではなんとなくわかるのだが、じゃあ具体的にどうすればいいのか、それがわからない。ずっともやもやしていたところに、双子ママの「自分でやらしいや」の一言で、一気に霧が晴れたのだ。

――そうや、なんでも自分でやらせてみたらええんや。そしたら自立するし、私もラクできる。

その後、私は双子の長男・次男を授かり、さらに次女を授かり、四人の子どもの母親となった。ひょんなことから渡米し、そのままアメリカに住むことになり、いつのまにか二十一年が過ぎた。

　この間、何かにつまずいたり、迷ったりしたとき、私はいつもあの言葉を思い出し、自分に言い聞かせた。

　――子育てのゴールは自立や、自立させせんとあかん！　そうせんと私もラクでけへん！

　現在、子どもたちは全員成人して、思い思いの道に進んでいる。いよいよ子育てのゴールが近づいてきた。

　あれっ？　なんやたくさんのママさん、パパさんたちが、道をそれて違うゴールに向かって走ってる。みんな「いい大学」とか「いい会社」に子どもを行かせるために、ヒーヒー言ってる。

「いい大学」とか「いい会社」とかって何？　「いい」って何？

　親が思う「いい」は子ども自身の「いい」なのかな？

　みなさ〜ん、ゴールはこっち、こっち。

　惑わされたらあかんよー。

　ほら、よく見てください。

「自立」のゴールの向こうにある扉には「ＨＡＰＰＹ！」と書いてあるけど、何かようわかれへん「いい大学」とか「いい会社」の向こうにある扉には、なんにも書いてへんで。

　それが幸せへの入り口かどうかわかれへんで。

さあ、私と一緒に子どもたちを連れて「自立」のゴールに飛び込みましょう！

目次

第2章　子育ても最初が肝心 ―― 75

第1章

子育てのゴールは自立や！

ヤンキーたちに教わった

私は大阪市内で生まれ、生後十ヵ月の頃両親に連れられて転居し、豊中市・吹田市に跨る千里ニュータウンで育った。

最近はニュータウンというと、「どこがニュータウン？　年寄りばっかりのオールドタウンやん」と鼻で笑われたりするが、私が子どもの頃はまだできたてのほやほや。緑が豊かで、公園がいっぱいあって、薄汚れたりしていない白い建物が整然と立ち並ぶ、文字どおりのニュータウンだった。

ところが中学二年生のとき、突然引っ越すことになった。大阪市内に住む母方の祖母の介護が発生したからだ。

「おばあちゃんをこれ以上一人で置いておけへんやろ」

母はそう言うと、売り出し中だった大阪市内の新築マンションを購入した。千里ニュータウンの家は残したまま、一家でそのマンションに移ったのだ。

私は転校なんかしたくなかったから、それまでどおりニュータウンの中学校に電車通学することにした。ところが、これが思った以上に難行苦行だった。乗車時間は三十分ぐらいだったけれど、ラッシュに巻き込まれるわ、ちょくちょくどころか毎日痴漢に遭うわで、毎日ヒーヒー言いながら通った。

そして三年生になり、修学旅行を間近に控えたある日、私の様子を見かねた母が言った。

「体がもたへんからやっぱり転校しようか」

「いやや、今さら転校するなんて。新しい学校で修学旅行なんか行きたないわ。このまま卒業させて」

必死に抵抗したものの、母も譲らない。

「いや、もう無理やろ、転校しぃ。毎日ヒーヒー言うてるやん」

「そら、そうやけど……」

私はついに諦めて、大阪市内の中学校に通うことになった。


初めて登校した日、想定外の光景に、目がテンになった。いや、この言葉は古いな。びっくり仰天した。いや、ますます古い。とにかく、ものすごく驚いたのである。

窓ガラスは割れ、校庭をバイクが走り回り、金髪の子がうろうろしている。

――うわっ、ヤンキーだらけやん。

転校して初めて、テレビドラマや漫画ではなく、実物のヤンキーを見たのである。

言葉も違った。大阪弁にもいろいろあって、私は「千里言葉」と言われる、あまりクセのないさらっとした大阪弁で、さらにちょっと生意気な訛りでしゃべっていた。さっそくいちゃもんをつけられた。

「なんや、かっこつけよって。おまえ生意気やな」

今なら「やかましい！　誰が生意気やねん、言うてみぃ！」とかなんとか言い返すところだが、あかんたれ（意気地なし）な当時の私は黙り込むしかなかった。

すると、同じクラスの女子が声をかけてくれた。

「あの子らにいちゃもんつけられるから、しばらく私のそばを離れたらあかんで。トイレにも絶対に一人で行ったらあかんで、一緒に行ったるから必ず言うてや」

――トイレに一人で行けへんなんて、なんでなん？

心の中で突っ込みながらも、ありがたく彼女の助言に従った。物静かでおとなしい感じの子だったが、当たり前のように私を四六時中かばってくれたのだ。

一週間ほど、私は彼女と行動を共にした。その間におおむね状況がわかり、私なりに戦略を練った。賢く立ち回って、火の粉を浴びないようにしなければ。

――避けるより、飛び込んでいったほうがいいんちゃうかな？　悪ぶってても、同じ中学生や。当たって砕けろ！

ヤンキー対策の基本方針を固めると、私はガラスを割っている男子に近づいた。

「なんで割ってんの？　何かイヤなことでもあるん？　何がイヤなんか、ちょっと言うて」

「なんや、おまえ……」

その子は私をまじまじと見つめ、わけわからんというふうに首をひねる。それを機に、なんとなくポツポツ話をするようになった。

同じように、金髪の子にも、バイクを乗り回している子にも、積極的に話しかけた。早急に習得した地元の大阪弁で。

そうするうちにだんだんよそ者扱いされなくなり、いつのまにか私はクラスにすっかりなじんでいた。体育館裏に呼び出されたり、いちゃもんをつけられたりしたことは初日だけで、それから後は一度もない。

ここで、本場の大阪弁がペラペラになったし、人間関係におけるサバイバル術も身に付いたと思う。

公立中学校だったので、クラスにはいろんな境遇の子がいた。商売をしていたり、サラリーマン家庭だったり。なかには、中学生なのに、母親や父親に代わって兄弟姉妹の面倒を見ている子もいた。

当然（？）近くの市場にはやーさんの事務所もあった。

「あそこには行かんほうがええで。市場の前通るときは気いつけや」

こんなこと言われて、見に行こうと思わない人がいるのだろうか。私の野次馬根性はいやでも燃え盛り、その勢いに乗って、でも、おっかなびっくりのぞきに行った。ガラス越しに人影が見える。

――ほんまもんのやーさんや。

今思うと普通のおっさんだったが、私は慌てて撤退した。

その地域には、古い市場もあった。うちの両親は共働きだったので、私が晩御飯の買い物に行くことはよくあった。

店先で、八百屋のおばちゃんがガラガラ声を張り上げている。

「今日はトマトが安いでー」

「おばちゃん、トマト、三つちょうだい」

「おおきに。ちょっとそこのトマト、取ったって」

おばちゃんは奥にいたエプロン姿の店員に声をかけた。

トマトを渡してくれたのは、なんと同級生の女の子。びっくりして、思わず「内田さん」と言いかけたとき、彼女は人差し指を口に当てて「シッ」というジェスチャーをした。口パクで「だまっといて」と言う。わけがわからないまま、私も口パクで「わかった」と返した。

「おばちゃん、ありがとう。また来るわ」

頭の中にははてなマークが飛び交っていたが、とりあえずそれだけ言って帰宅した。

翌日、教室で目が合うと、彼女は私のそばに飛んで来た。

「昨日はごめんな。ありがとう」

周りには誰もいなかった。私の好奇心はふくらんではちきれそうだった。聞いたらあかんのかもと思う間もなく、言葉が飛び出していた。

「なんで働いてんの？」

「私、目がよう見えへんねん」

そう言えば、内田さんは先生に頼んで、いつも一番前の席にしてもらっていた。

「えっ、目、見えへんの？　そしたらなんでメガネかけへんの？」

「そんなん、うちの親に買うてって言うの悪いし、親に迷惑かけたないねん」

「じゃあ、メガネ買うために、親に黙って八百屋でバイトしてんの」

彼女はこくんとうなずいた。

なんて自立した大人なんやろか――。

しかも彼女は授業態度もすごく真面目で、休み時間さえ、できるときは勉強していた。中学生なのにバイトしていいのか、などという堅苦しい問題はさておいて、私は彼女のたくましさや優しさにすごく感動した。両親が必死に働く姿を見て育ったのだろう。

一方の私は同い年やというのに、親が物を買い与えてくれるのは当たり前と思って、感謝のかけらもなかった。そんな自分がほとほと情けなく、恥ずかしくなったのである。

自分の当たり前は、ちっとも他人の当たり前ではなかったのだ。

改めて見回すと、同級生は自分の置かれた環境の中で、みんな自分にできることをして、懸命に生きていた。

見かけはめちゃくちゃ怖いヤンキーたちも、あの恰好で自分を奮い立たせて、理不尽な人生と闘っていたのかもしれない。ふと素に戻ったときは、むちゃくちゃ優しくて人の気持ちがわかるええ子だったりする。人は見かけだけやなく、中身をしっかり見なあかん、ということもこのとき学んだ。

転校当初、私を守ってくれた女の子のように、どの子にも、困ってる人を助けるのは当たり前、という義理堅さがあった。人間ていいもんやなあ、私もそうありたい、とつくづく思ったものだ。なんか生きる大原則を教わったような気がした。

そしていつのまにか、パシリにされている子がいたら「あんた、パシリにされていじめられてるだけやん。あの子らはほんまの友達ちゃうからやめとき」と忠告し、しょうもない悪さをしている子がいたら「なんでそんなんするの。せんでええやん」などとチャチャを入れ、私はけっこうなお節介になっていた。

そんなこんなで瞬く間に一年が過ぎ、私は仲間と一緒にこの中学校を卒業した。そのとき、最初はビビッたけど、ここに転校してよかったと心底思った。人を助けたり、応援したり、純粋にほめたり、人として生きるうえでたくさんの大切なことを学べた。何よりもめっちゃ楽しかった。

この学校で彼らに出会わなかったら、表面的なことにとらわれて相手の本質を見落としたり、私の思う「いい子」の基準が違ったりしたことだろう。彼らの温かさや奮闘は私の心にがっちり焼き付き、その後の子育ての基盤となった。

またこの経験から、私は公立推しになった。いろんな背景を持つ子が集まる公立の学校で若いうちにわちゃわちゃもまれたほうが、人間的に大きく成長できると確信したからだ。

そして、この環境にすぐ慣れた私って、ひょっとしたら、先生に向いてるかもしれん、とも思うようになった。

結婚の条件は男女平等、夫婦別姓

実は私は、両親、姉ともに教師、祖父母も教育関係という教育一家に育った。今でこそ共働きは一般的だが、母の時代は少数派で、何かと苦労が多かったようだ。私は初回の東京オリンピックが開催された一九六四年に生まれ、その年のクリスマスの日に、千里ニュータウンに引っ越ししている。

ニュータウンなどと気取った呼び名は付いているが、その頃は保育園すらなかったらしいので、両方の祖母が交替でやってきて、私と二歳上の姉の面倒を見てくれた。

共働きの家庭に育った私は、両親が働くのが当たり前と思っていた。そして、働くなら教師がいいとも思った。というのは、教員の世界には男女の差別はほぼなく、女性も男性と対等に働けるからだ。

――もしずっと独身でも自分一人で生きていける。結婚して離婚しても自分一人で子どもを育てていける。何があってもだいじょうぶ！

というわけで教育大学に進学した。タレント事務所でバイトをし、吉本新喜劇に入って芝居をやりたい、などと夢想した時期もあったが、「あんた程度の面白さじゃあかん、そこにおるだけで面白い人でないと無理や」とすげなく言われ、初心に戻って、教師を目指すことにした。

ところが、無事に大学を卒業したものの、当時は教員志望者には氷河期も氷河期、暗黒の時代だった。団塊の世代の人たちが定員を占拠しており、少子化で教師の新規採用がほとんどなかったのだ。学生時代の仲間は関西圏では誰一人教員になれず、やむをえず一般企業に就職し、チャンスを待ったのである。

言うまでもなく、私もあぶれた口だ。私は小学校の教員免許を取得した。そのうえ、よくばって英語の免許も取った。

でも、生かす場がなく、イギリスに留学することにした。主な目的は英語を習得するためだったが、しつこい男を振り切りたいという思いもあった。

そのしつこい男とは、浪人中に通った予備校で知り合った同級生だ。座席が近かっただけで、私は彼になんの興味もなかった。

ところが彼は何を思ったのか、毎日のように電話をかけてきては「好きやねん、好きやねん」と連呼し、私の行くとこ、行くとこ偶然の如く突然現れる。今なら、立派なストーカーだ。警察案件かもしれない。

幼稚園児なら、たまたま隣の席に座った子を好きになっちゃったということもあるだろうが、いい若者が席が近かったからってなんやねん。かなわんわ。

ぐいぐい来られれば来られるほど、逃げたくなるのが人の常。というわけで、私はとっととロンドンに飛んだのである。約二年滞在し、そろそろ教員採用枠があるものと期待して帰国したのだが、教員志望者の暗黒の時代はまだ続いており、私もしばらく一般企業で働くことにした。

こうして数年が経った頃、学生時代の仲間が一人、次の年にまた一人、教員の採用試験に合格した。

――エッ、あの子が通ったん？　ひょっとしたら私もいけるかも？

ほとんど諦めかけていた同期のみんながするすると合格していった。

その頃、先に採用された同期から、私はこんな声をかけられた。

「小学校の免許持ってて英語の免許も持っている人をうちの校長が探してんねんけど、免許持ってる人知ってますって校長に言うてしもたんよ。興味あったら講師の登録してくれへんか」

ちょうど、国が小学校に英語教育を試験的に導入しようとしていた頃で、研究開発校として大阪の公立小学校が指定されたのである。

――母国語がちゃんとできんうちに、外国語を教えるのはあかん。しかも非ネイティブの人が教えるなんて、あかんすぎる。

そう考えるものの、子どもも好きだし、先生になりたかったし、何よりも研究に興味があったので、講師登録に行った。ほどなく講師採用通知が届き、そこには正式採用の手続きに来るよう記してあった。私は会社を辞めて、春から先生としての第一歩を踏み出したのである。


その頃、私は結婚した。相手は、例のストーカー男である。

私が結婚したいなと心を寄せた男性はみんながみんな、口をそろえてこう言うのだ。

「結婚したら専業主婦になって、家庭を守ってくれ」

「はっ？　家庭を守るって何？」

「それは……家事とかいろいろあるやろ」

「なんで私だけ家事すんの？」

「いや、だって、俺は外で働くから……」

「なんで分業制？」

「……」

当時はこれが普通だった。男は外で働いて稼ぎ、女は家で家事をする。

私が結婚したのは一九九二年、二十八歳のときであったが、まだ大半の人が昭和時代の夫婦観にどっぷりはまっていた。

そんななか、ストーカー男だけがこう言ったのである。

「結婚しても、仕事してくれたほうがええ」

――意外に話わかるやん！

ちょっと見直しかけたのだが、彼はこう続けた。

「共働きやったら、収入倍になるってことやろ、いっぱい遊べるやん」

――やっぱりそうくるか！

それでもこのストーカー男と結婚するのが一番いいのかも、と私は思い始めた。長年追いかけまわされているうちに、情が移っていたのだろう。「吉本に行け！」と小学校の担任の先生に言われたというだけに、おもろいヤツでもあった。そこだけは似た者同士だったかも。決して認めたくはないが。

そこで結婚をOKするための条件をいろいろ出した。

私が一番こだわったのは、すべてにおいてまったく平等にする、ということだ。

「生きていくうえで、二人とも仕事をするのは当たり前やと私は思う」

「ふん、そうやな」

「私は男の人と同等に働くから、料理とか掃除とか家事を分担してね」

「ふん、そうやな」

「自分の身の周りのことは自分でしてね。二人で一緒にすればいいことはそうすればいいから」

「ふん、そうやな」

「あんたの両親ともちろんお付き合いはするけど、あんたの家に入るとか、そっちの人間のように扱われるのは嫌や。私にも両親がいる。嫁に入るとか、お家制度みたいなのは、私は理解でけへん」

「ふん、そうやな」

彼は私が何を言っても、ふん、ふんと受け入れる。なんか軸がないYESマンだった。

ただ一つ、彼がNOと言ったのは、姓を変えることだった。

結婚したら女性のほうが名前を変えるのが当たり前とされることが、私には納得いかなかった。

「私は自分の名前を変えたくないねん。あんた野口になってくれへん？」

「俺も名前変えるの嫌や。絶対嫌や」

「じゃあ、夫婦別姓にしよ。私は仕事は自分の名前でやりたいから。それを受け入れられへんのやったら、あんたとは結婚せえへん。そんな古臭い考えの人はごめんや」

「夫婦別姓やったらええで」

「じゃあ、夫婦別姓で」

こんなわけで私たちは夫婦別姓を選んだ。結婚後も私はずっと野口姓で通し、籍は入れなかった。なので、法律上は事実婚ということになる。

それから三年経ち、長女が生まれたとき、「何で籍を入れないんや」と職場から言われた。遠回しに籍を入れるように要請されたのだと思い、悩んだ末に入籍して、夫の姓になった。けれど、その後も生まれながらの野口姓で通し、入籍後の姓については「この名前は戸籍名です」と、周りには伝えていた。ところが多くの方に書類関係やら表記やらで、面倒をおかけしたことを、しだいに知ることになった。

このように、良くいえば、私は信念を貫くタイプ、夫は柔軟なタイプ。悪くいえば、私はこだわりが強くて頑固、夫は軸がない人と言える。こんな真逆の二人だったから、衝突しながらもどうにかこうにかここまでやってこれたのかもしれない。

長女の誕生で初めて愛を知る？

結婚後、私は二年勤めた小学校の講師を辞め、採用試験を受けて、公立中学校の英語の教師になった。ようやく念願がかない、張り切って先生業にいそしんでいた矢先、妊娠が発覚したのである。生徒には申し訳ないけれど、もう三十路に入っていたので素直にうれしかった。

ただその年、私は初めて花粉症になった。春先に目が腫れ、眼科に行くと花粉症と診断されたのだ。その前年までなんともなかったのだが、こういうアレルギーは突然発症するものらしい。処方された薬を一ヵ月ぐらい飲み、ほどなく妊娠がわかったのだ。なんと間の悪いこと。

念のため、産婦人科にその薬を持っていくと、先生はこう言った。

「おなかの赤ちゃんに奇形をもたらすかもしれない物質が一つだけ入ってました。使った期間が短いから問題ないと思うけど、万一のことがあるから家に帰ってご主人と相談してください」

——相談て何を？

帰宅して夫に告げると、彼はいつになくきっぱり言った。

「せっかく授かった命や。何があっても全部受け入れて二人で育てていこう」

ＹＥＳマンの夫が頼もしく思えたのは、後にも先にもこのときだけだ。

私は姉に勧められて、ラマーズ法を取り入れている助産院で産むことにした。ラマーズ法とは自然分娩のひとつで、夫も立ち会う出産である。

その助産院では、父親学級や両親学級に力を入れており、参加はほぼ義務だった。院長のミサキ先生は、父親予備軍の人たちに、いつもこんなカツを入れていた。

「よー聞いてや、お母ちゃんは嫌でもだんだん体に変化が起こってくるねん、自然と母親になる準備をするねんで。好きなもんは食べられへん、お酒も飲まれへん、いろんなことがまんしてんねん。そのうえ陣痛を耐えて、母親になるねん。あんたら男は何も変わらんからわかれへんやろ、だからしっかりお父ちゃんになる勉強せなあかんねんで」

不真面目な男だと、「あんた、来週から来んといて」と、はっきり出入り禁止を言い渡される。

ふだんはずぼらなYESマンの夫も、ミサキ先生と私に尻を叩かれ、きちんと通った。

私も先生に叱り飛ばされることがあった。

「呼吸法、練習せんとあかんで。そんなん当たり前や。誰かに産ませてもらおうとでも思ってんの？　私は助産婦や、助けるだけやからな。練習せえへんのやったらうちで産むのは無理やで、病院で産みぃ」

「いや、ここで産ませてちょうだい。がんばります」

とにかくきっぱりはっきりして、口調はきついが、経験豊富なとても親切な先生だった。この助産院で最初のお産をしたことで、私たちは夫婦として、親として、ちょっと成長できたような気がする。

先生が書かれたよいお産をするための本を、私は熱心に読んだ。けれど、父親予備軍の多くは、自分のおなかが大きくなるわけでもないから、どこか他人事のように感じるのか、あまり読まないようだ。

そこで先生は、その本の中で父親として絶対に読まなければいけない部分だけを、取り出してくれた。

「本を読みたくないお父ちゃんは、ここだけでも読み。これも読めへんのやったらうちで産むのはお断りせなあかんわな」

そこにはラマーズ法の体操や呼吸法、夫婦一緒に練習するときのやり方などが書かれていた。立ち会い出産では、陣痛が起こったら、夫は妻の背中や腰を押したりさすったり、呼吸法を誘導する役割を担う。なので、家で二人でめっちゃ練習した。こうして満を持して、その日を待ったのである。

一九九五年十二月九日、いよいよ陣痛が始まった。猛練習した成果を見せねばと思うものの、弱っちい妊婦の私、呼吸法はあっさりぶっ飛び、叫んでしまった。

「痛い、痛〜〜い、先生あかんわ。ムリー」

　すると、いつもは叱り飛ばすミサキ先生が、優しく励ましてくれたのだ。

「あんた、お母ちゃんになるねんよ。がんばりや。赤ちゃんもこれからがんばって出てくるんやで」

　その言葉で、私はハッと我に返った。

　――そうや、叫んでる場合ちゃう。母親になるんや。

　もう一人の助産婦さんが、耳元で言った。

「はい、息吸ってー」

　その声に集中して、私は必死に「ヒッヒッフー　ヒッヒッフー」と呼吸を繰り返した。

　でも、痛い。

　心の中で（イタ〜）と叫んでいたら、察したミサキ先生が言う。

「お母ちゃんが痛い、痛い言うてたら、その間酸素が足れへんようになって、赤ちゃん苦しいねんで。しっかり呼吸して赤ちゃんに酸素送ったってや」

　そして夫にも声が飛んだ。

「お父ちゃん、何してんの。あんたもお父ちゃんになるねんで。あんたは体に何も変化ないけどな。お母ちゃんが背中押してって言うたら、しっかり押したらんとあかんで。さすってあげや」

夫は私の腰のあたりを、練習したとおりに懸命にさすったり押したりしている。

陣痛の合間に、不意に先生が夫を呼んだ。

「ほら、赤ちゃんが出てきたで。ちょっとこっちに来て見とき」

夫が興奮して叫ぶ。

「出てきた、出てきた。頭のこのへんが見えたでー」

私は思い切りいきんだ。

まもなく元気な産声が分娩室に響き渡った。

夫は涙と喜びで顔をくしゃくしゃにして叫んだ。

「産んでくれてありがとう！」

――出産て、こんなに感動するもんなんや。

私の胸にちょこんと置かれた赤ちゃんは、シワシワで、へちゃむくれで疲れた顔をしていた。それでも無条件にかわいかった。

私たちは娘にカオリと名づけた。

見返りなど期待しない、一方通行の愛情。ひたすら愛おしくてたまらない。この子のためならなんでもできる、してあげたい。

――これが愛なんや。

私は三十一歳にして初めて、愛するとはこういうことかと知ったのである。

そして気づいた。この子が生まれるまで、私は本当に人を愛したことはなかったということを。誰かに対してこんな感情を抱いたことはなかったから。

と同時に思った。

――結婚、失敗した。ひょっとしたら、他にもっと愛せる人がいたんちゃうか。

結婚は人生の一大イベント。愛情をもってするものだと思っていたのに、どう考えても、夫と結婚するときこんな気持ちにはならなかった。押しに押されて根負けしたのだ。

後悔しても、今さら遅すぎる。とにかく二人でこの子を育てていくんや、と決意を新たにしたのであった。

粉ミルクでアナフィラキシーショック

近くに住んでいた姉が先に出産していたので、あれやこれやと教えてもらいながら、手探りの育児が始まった。

幸いにも母乳はよく出た。でも、最初はおっぱいを飲ませるのもおむつを替えるのも下手くそで時間がかかる。夜もカオリが泣くたびに起きて世話をするので、ゆっくり寝てはいられない。

なのに、夫は横で高いびき。いったん寝たら絶対に起きないのは、特技と言えるほどだ。

――「二人で育てていこう」というあの言葉はなんやったんや。信じた私がアホやった。

そんな不満がたまりにたまって、カオリが六ヵ月になった頃、大喧嘩になった。

「子どもがこんなに泣いてるのに、なんで起きへんの？　私は睡眠不足でヘロヘロでも、起きておっぱい飲ませたり、うんちの始末してるのに」

「俺はおっぱい出えへんから、しょうがないやろ！」

「おむつぐらい替えられるやろ！」

売り言葉に買い言葉、どぎつい大阪弁が飛び交い、ついに夫が怒鳴った。

「出ていけ！」

私は靴も履かず、はだしのまま怒り狂って、同じ千里ニュータウンの実家に帰った。

まもなく、夫から電話が入った。

「おい、急いで帰ってきてくれ」

「そんなん知らん」

私が電話をガチャ切りしようとすると、夫は慌てて言った。

「実はな、粉ミルクを飲ませたら吐いて、顔の下から首が真っ赤にただれてるねん」

「何それ？　やばいんちゃう」

夫婦喧嘩なんかしている場合じゃない。私は家に飛んで帰った。

夫の言うとおり、カオリの口元から首にかけて赤くただれて、ぐったりしている。こんなことは初めてだ。私たちはすぐに病院に連れていった。

「これは牛乳アレルギーやな。吐いたから助かったけど、そうでなかったらアナフィラキシーショックで息でけへんようになってたかもしれん」

医師の説明を聞いて、ぞっとした。まさかそんなに危ない状態だったとは。ああよかった、何事もなくて――。

ほっとしたとたん、夫への怒りがムラムラ湧いてきた。

「あんた、うっかり殺すところやってんで」

その後詳しく調べてもらうと、カオリは乳製品はいっさい食べさせてはいけないことがわかった。

私は乳製品が大好きで、妊娠中もよく食べていた。ひょっとしたらそのせいかもと思わないでもなかった。私も花粉症になり、人生で初めてアレルギーが出た年……。

安堵と怒りがまぜこぜになって、夫にきつい言葉を投げかけてしまったが、冷静になって考えると、私が殺してしまう可能性だってあったのだ。アレルギーについて何も知らなかったのだから。

吐いたおかげでカオリは軽症ですみ、呼吸もできていたし、ただれもすぐに治まった。その時点でアレルギーがわかったのは、かえって幸いだったのかもしれない。

それから私はアレルギーについて調べ始め、アレルギーの子どもを持つママさんに教えてもらった病院を受診した。先生は私の話を聞くと、ちょっと呆れ顔で言った。

「あのな、お母ちゃんが牛乳飲んでてどうすんの。みんなおっぱいに出るねんで。完全に取り除かんとあかん。お母ちゃんも乳製品は食べたらあかんよ」

「へっ、そうやったんや。わかりました」

当時は私はそんなことにも思い至らず、普通に乳製品を食べていた。アホにもほどがある。

それからは、買い物をするときは、必ず成分をチェックするようになった。牛乳やチーズ、ヨーグルトなどの乳製品はもちろんのこと、脱脂粉乳も牛由来のゼラチンも食べないし、子どもに食べさせることもなかった。

するとまたイライラしてくる。私は好きなものをがまんしてるのに、夫はなんでも食べるし、酒も飲む。

「なんで私だけが、がまんせんとあかんの？　あんたも何かがまんすることないの？」

「なんで俺ががまんせんとあかんのや」

こうして恒例の夫婦喧嘩が始まり、よけいに疲れ、いっそう怒りが増し、という悪循環に陥る。わかっちゃいるけど、当たり散らさずにはいられない。

当時は公務員の育休は一年だった。育休期間が終わり、復職すると同時に私は断乳した。ようやくがまんの期間は終わった。私は一人でいるときにはヨーグルトを食べたり、コーヒーに牛乳を入れたりして大好きな乳製品をとり始めた。でも、もちろん家の食卓にはいっさい乗せなかった。

保育園とママ友・パパ友に助けられ教えられ

職場復帰をしたとき、カオリを近くの保育園に預けた。そこしかなかったのだが、この保育園に出会ったおかげで、私もちょっとは母親になれた気がする。

まずこの保育園には、機械的な音の出るおもちゃがなかった。そのときはあまり意識していなかったが、今振り返ると、おもちゃにも配慮してくださっていたのだと思う。自然のなかで遊ばせるのを基本方針としていたので、おもちゃも人工的なものではなく、自然素材の素朴なものが置かれていた。

また、保育にリトミックを取り入れていた。私は、子どもたちが音楽に合わせて体を動かす遊びのようなものと思っていたが、これがなかなか侮れないヤツだった。

うちの子どもたちは長じて音楽や運動が大好きになった。その基礎をこのリトミックが築いてくれたような気がしてならない。軽く見てごめん、とリトミックに謝りたい気分だ。

また、ウロチョロしていっときも目が離せない幼い子どもたちに、根気強く楽しくリトミックを指導してくださった先生方にも感謝でいっぱいだ。


この保育園では、子どもたちの自然な脳の発達に合わせた指導をしており、決して無理はさせない。私たち保育園に子どもを通わせているママ・パパは、ひょんなことからそれを実感したのだった。

たまたま同じ月齢児が描いた作品を目にする機会があり、みんな何か違和感を覚えたのだ。通っている保育園の子どもたちが描く絵とは、ぜんぜん違う作品が並んでいた。

「どの絵もちゃんと顔に胴体とか手足をつけて、かわいく人を描いてるやん。うちの子の絵は、どれも丸ばっかりや」

――ほんとや。なんでや？

そんなある日、保育園で講習会があり、講師が子どもの脳の発達についてこんな話をされた。

「人間は文字を書くまでに、次のような過程をたどります。最初は丸しか書かない。そのうち胴なし人間を描くようになります。脳の発達段階に応じて、だんだん描く絵が変わっていくんです。そのときどきの月齢にあった行動が脳の発達には必要なんですよ、丸ばっかり描いてるって心配せんでもええんです」

——ああ、そうやったんや。

「それでうちの子、丸ばっかりのじゃがいもみたいな人間描いてるんや」

「うちの子も」

それでよかったんや、と私たちはうなずきあったのである。

保育園は定期的な講演会や勉強会などを開催して、子どもだけではなく、親も一緒に育ててくださっているのだ。


子育てのゴールは「自立」ということを確信させてくれたのも、この保育園だった。そのおかげで、私はぶれずに、自信をもって子育てができた。

どこにゴールがあるのかわからなかったら、あるいはゴールを間違えてしまっていたら、私は夫と喧嘩しながら、ひたすら迷走していたにちがいない。

そして、ママ友が「なんでも自分でやらしいや」と、そのゴールにたどり着くための具体的な方法を教えてくれたのだ。

その双子のママは言った。

「うちの子は、料理だってやってるで」

「エエーッ、包丁持たせてもだいじょうぶ？」

「だいじょうぶ、だいじょうぶ。保育園でもやってるやん」

たしかにこの保育園では、子どもたちに小さな包丁を持たせて調理をさせていた。しかし、うちの子は三歳。いくらなんでもまだ早いと思い込んで、家では何もやらせていなかったのだ。

――過保護なんやろか。でも同い年の子ができるんやから、うちの子ができへんわけないな。

「カオリ、ちょっと包丁でこのニンジン切ってみよか」

最初だけ私がそばについていて、安全なやり方を丁寧に教えたら、カオリはちゃんと切れるようになった。

――子どもの力を見くびったらあかん。やっぱりなんでもやらせてみるもんや。

そのママ友だけではなく、他のママさん・パパさんたちも「うちの子はこれもできるで」「うちはこうやったらうまくいった」などとアドバイスをしてくれ、カオリのできることが少しずつ増えていった。

小さいからできないではなく、小さくたってなんでもできる、と意識を転換できたのは、この保育園とママ友・パパ友のおかげだ。

このほか、その園では、年上の子が下の子の面倒を見る「縦割り保育」にも力を入れていた。年上の子が、小さい子の背中をとんとんして寝かしつけたり、着替えや給食のときに手伝ってあげたりしていた。

こうして、年下の子に優しく接する心が育っていったのだろう。カオリは弟妹ができたとき、私の右腕として大活躍してくれた。

さらに驚いたのは、月に一度アレルギー会議があることだ。「うちの子は卵があかん」「うちの子は乳製品」「うちの子は大豆」と、保護者一人ひとりから聞き取りをし、その子に合わせた給食を出してくれる。誕生日のケーキもそうだ。

——ようそんなに手間のかかることをしてくれはるなぁ。

いつも頭の下がる思いだった。

月に数回だけ、親がパンやメインのおかずを作っていかなければならない日があった。コロッケが多かったように記憶している。アレルギー食品抜きでどうやってコロッケ作るん、はて？　と考え込んだのも束の間、先生方や先輩ママさん・パパさんが教えてくれたのだった。

──保育園があんなにがんばってくれてるんやから、親も、自分にできることはちゃんとせなあかん。コロッケぐらい喜んで作るで。

ところがある日、保育園の先生にこう言われた。

「カオリちゃんが食べられるパンを持ってきてほしいんです。牛乳とか卵とかアレルギー物質が入ってないのをお願いします」

──エーッ、パン⁉　どうしよう、パンはどうしたらいいのかわかれへん。

近所に週二回だけ、アレルギー対応のパンを売っているパン屋があったが、平日に買いに行くのは無理だった。ああ、どうしたらいいんやろう。

その日、出勤した私は、先輩教諭に相談した。

「保育園の先生に、卵や乳製品が入ってないパン持ってきてって言われたんですが、アレルギー対応のパンを売ってるお店は五時には閉店なんです」

「家で焼いたらいいよ」

「エッ、どうやって焼くんですか」

「パン焼き器ですぐに焼けるんよ。いっぺん焼いて持ってきてあげるわね」

そう言って、卵と乳製品抜きの食パンを焼いてきてくださった。食べてみると、想像以上においしい。家に持ち帰ると、カオリは喜んで食べた。

すぐにメーカー名を聞いてパン焼き器を購入した。これで、「牛乳・卵抜きアレルギー対応パン問題」は無事解決したのである。

職場の先輩先生方は仕事と子育てを両立するために、いろんな修羅場をくぐり抜けてきている。仕事のことから子育て、夫婦のこと、介護に至るまで、分野を問わず「こんなんで困ってます」と相談すると、「こうしたらええよ」「うちはこれでうまくいったで」と、いい知恵を授けてくださった。

今振り返ると、勝手がわからないので、長女の育児が一番大変だったように思う。

でも、保育園とママ友・パパ友、職場の先輩先生たち、そして家族に教えられ、助けられ、支えてもらって私はピンチを乗り超えることができた。

みなさんに感謝！

うわっ、双子の男児誕生！

「いやあ、ちょっとうちではあかん。無理やわ。ごめんな、病院に行って」

助産院のミサキ先生は、エコーの画像を見ながら言った。

「エッ？　何か赤ちゃんに異常でも？」

私は焦って聞いた。

「いや、双子やねん」

「エエーッ！　ほんまに双子？」

なんてこった。

「先生のとこで産んだらあかんのですか？」

「あかんねん。双子は危険が伴うから、助産院では扱ったらあかんことなってんねん」

「そうなんや……」

私はカオリをとりあげてもらったこの助産院で次の子も、と思っていたので意気消沈した。

——それにしても双子やて。一人でもあたふたしてんのに、だいじょうぶかいな。

ミサキ先生は、さらにこう言うのであった。

「あんた団地の五階に住んでるんやろ。引っ越しせんとあかんな」

「エッ？　カオリのときはだいじょうぶやったけど」

「あかん、あかん。双子やったらどんだけおなかが大きくなるか知らんやろ。車も買い替えやな」

「でも、車も家も買い替えるなんて、すごい出費や」

「まあ、二人でがんばりや」

夫も二の句が継げない様子で突っ立っている。私たちはため息をつきつつ、覚悟を決めた。

ミサキ先生は、自分が指導している産婦人科を紹介してくださった。その病院には、双子の自然分娩を得意とする先生がいるとのことだった。

私はさっそく受診し、医師の許可を得て、その病院と並行して助産院にも通い続けた。

当時、私は、身長が百六十二センチ、体重は四十二キロと、めっちゃ細かった。

おなかはぐんぐん大きくなり、体が細身なだけによけいに目立った。前にかがめないので靴下も履けない。おなかの上にコーヒーカップを置いて、飲んでいたぐらいだ。

おなかがじゃまをして足元も見えない。団地の五階から二階に引っ越ししたのは大正解

郵便はがき

料金受取人払郵便

新宿局承認

2524

差出有効期間
2025年3月
31日まで
（切手不要）

160-8791

141

東京都新宿区新宿1－10－1
（株）文芸社
愛読者カード係 行

ふりがな お名前				明治 大正 昭和 平成	年生 歳
ふりがな ご住所	□□□-□□□□				性別 男・女
お電話 番 号	（書籍ご注文の際に必要です）	ご職業			
E-mail					
ご購読雑誌（複数可）			ご購読新聞 新聞		

最近読んでおもしろかった本や今後、とりあげてほしいテーマをお教えください。

ご自分の研究成果や経験、お考え等を出版してみたいというお気持ちはありますか。

ある　ない　内容・テーマ（　）

現在完成した作品をお持ちですか。

ある　ない　ジャンル・原稿量（　）

書　名			
お買上 書　店	都道　　　市区 府県　　　郡	書店名	書店
		ご購入日	年　　月　　日

本書をどこでお知りになりましたか?

1.書店店頭　2.知人にすすめられて　3.インターネット(サイト名　　　　　)

4.DMハガキ　5.広告、記事を見て(新聞、雑誌名　　　　　)

上の質問に関連して、ご購入の決め手となったのは?

1.タイトル　2.著者　3.内容　4.カバーデザイン　5.帯

その他ご自由にお書きください。

(　　　　　　　　　　　　　　　　　　　　　　　　　　　)

本書についてのご意見、ご感想をお聞かせください。

①内容について

②カバー、タイトル、帯について

弊社Webサイトからもご意見、ご感想をお寄せいただけます。

ご協力ありがとうございました。

※お寄せいただいたご意見、ご感想は新聞広告等で匿名にて使わせていただくことがあります。

※お客様の個人情報は、小社からの連絡のみに使用します。社外に提供することは一切ありません。

■書籍のご注文は、お近くの書店または、ブックサービス(フリーダイヤル0120-29-9625)、セブンネットショッピング(http://7net.omni7.jp/)にお申し込み下さい。

だった。すべてミサキ先生のおっしゃるとおりだった。

妊娠中期を過ぎると、心臓がバクバクしてとにかくしんどい。ちょっと歩いただけで息が切れた。ミサキ先生はあっさり言う。

「内臓は一個しかないのに、三人で使ってるんやから、そらしんどいわ。大事にせなあかんで」

妊娠中毒症にもなりかけたが、ギリギリ免れた。

こんな状態でも仕事は続けていた。先生業が大好きで楽しかったたし、たくさんの人たちが支えてくださったからこんな私でもこなせていたのだと感謝しかない。

通勤時に私が普通に歩いているだけなのに、巨大なおなかを見て、ぜんぜん知らないおばちゃんが駆け寄ってくる。

「あんた、だいじょうぶか。そんな大きいおなかで。もう産まんとあかんおなかや、病院に行かんと危ないで。一緒に行ったろか」

「いや、おばちゃん、ありがとう。双子やねん」

「なんや、そうかいな、双子なんか。がんばりや」

大阪のおばちゃんはお人よしで、あまりにも大きすぎるおなかを放っておけないようだ。

その人情が身に染みた。ありがとう、おばちゃん。がんばるで！

その頃私の頭にあったのは、自然分娩で産むということと、未熟児で産んだら育てるのが大変やから四十週までもたせるということだけだった。

ミサキ先生は、早産しないように、食事や体操、筋肉の使い方など、厳しく指導してくださった。このときばかりは私も真面目に取り組んだ。生まれてから苦労するのは嫌や。ちょっとでもラクしたい、何よりも赤ちゃんの健康を守りたい一心だった。

双子ということで早めに産休に入り、早産の気配もなく予定日が近づいてきたときは、心底ほっとした。

ただ、逆子であった。これはまずい。ミサキ先生が逆子を治す体操を教えてくださったので、また必死に取り組んだ。

出産当日、産婦人科では、主治医のほかに、逆子をとりあげる名手というフジタ先生も待機してくださった。

一人目は、体操に励んだ甲斐あって逆子が治り、ちゃんと頭位で出てきた。二人目は逆子のままだったが、上の子が産道を開いてくれたおかげで、主治医と交代したフジタ先生がするっととりあげてくださった。

元気な産声が響き渡る。二人とも無事やったんや。よかったと思った瞬間、「二人とも男の子や。よかったな」と先生が声をかけてくださった。

――あちゃ、男の子二人なん!!

私は事前に性別を知りたくなかったので、カルテに「希望しない」と赤字で書いてもらっていた。ある日、主治医はエコーの画像を見ながら「あっ、つ」と漏らした。

私は慌てて、先生の言葉を遮った。

「先生、言わんといてください」

「あっ、ごめん、ごめん」

「つ」ということは、ついてるんやから、一人は男やなとわかってしまった。

私には姉がいるだけで、男兄弟はいない。第一子も女の子だったし、男は得体の知れん生き物というイメージだった。

でも子どもは授かりものだ。元気に生まれてきてくれただけでうれしい。ありがとう。

ミサキ先生から、男の子は骨格が硬いから産むのはしんどいよと聞かされていたが、そのとおりだった。胎盤を出すときもめちゃくちゃ痛くて、無事に生まれて気が抜けた後やったからか、そっちのほうが思った以上にキツかった。それも二個も。

先生のスパルタ指導のおかげで、子どもたちはおなかのなかで順調に育ち、体重はそれぞれ三〇〇〇グラムと二八〇〇グラムだった。双子ながら、二人とも標準的な体重だったのだ。

新生児室に行くと、息子たちは他の赤ちゃんたちと一緒に寝かされていた。連れだってのぞきに来たママさんとそのご家族が話していた。

「いや、この子とこの子、同じ日に生まれてる。えっ双子？　双子やん！　双子やったんや！」

「エッ、ちょっと待って、双子やのに、うちの子より大きいやん」

「どんなおなかやったんやろ」

「むっちゃ大きかったやろな」

その後の会話はもう恥ずかしくて聞いていられず、とっととその場を去ったのだった。

長男・次男を抱えて帰宅すると、カオリはちょっぴり赤ちゃん返りもしたけれど「かわいい、かわいい」と大喜びだった。このとき三歳だったが、小さいながらも懸命に手伝ってくれた。近くに住む両親はもちろんのこと、姉も応援に来てくれた。それでも、双子の育児は想像を絶する大変さだった。

初めは一人ずつ順番におっぱいをあげていた。まず長男・マサトのおむつを替え、授乳してゲップを出す。終わると次男・アオバのおむつを替えて授乳、ゲップ。するとすぐにまたマサトの授乳の時間になる。終わると今度はアオバの授乳……。朝から晩まで授乳とおむつ交換の無限ループ。

「これはあかんわ。どうしよう」

私が半泣きになっていると、姉がクッションを持ってきてくれた。

「このクッションに二人をのせて、両脇に抱えて、一気に飲ませたら」

やってみると、かなりラクだった。それからは、両脇方式に切り替えたのである。

双子が一歳のときに長女と同じ保育園に入れて、私は職場復帰した。

職員室で、一人で落ち着いてコーヒーを一杯飲める時間もできた。

——ああ、なんて幸せなんやろ。

心底ほっとしたのを覚えている。

この一～二年はあまりにも大変すぎて、記憶がほとんどない。

でも、二～三歳になると二人で遊んでくれたので、かえってラクだった。

生まれたときは同時に男児二人も育てていけるのか、不安でいっぱいだった。実際育ててみると、いやいやホントに今だから言えるのかもしれないけれど、楽しさが勝っていた。

女の子と男の子、どちらも授かれたからこそ楽しさ倍増だった。

どこまで続く夫婦のバトル

三人を保育園に預けても、仕事と育児と家事をこなしていくのは至難の業。おまけに子どもは保育園であれこれ感染症をもらってきて、よく熱を出す。

そんなとき、商社勤務の夫は当たり前のように出勤する。ハナから私が休むものと決めつけているのだ。

「おかしいやろ、私だって仕事をしてるのに、なんで私が休むことが前提で、当たり前のようにあんただけ仕事行くってはじめっから決めてるの」

「いや、おまえ休んで」

「おまえってなんやの」

「俺が休んだって面倒見られへんから」

こんなことを悪びれもせず平気で言うので、よけいに頭に血が上る。

「こっちは産んだんや。あとの子育てはおまえの仕事やろ」

「おまえこそおまえって言うな」

「おまえがおまえって言うからや」

こうして延々とバトルは続く。

結局は私が学校に欠勤の連絡を入れ、先輩の先生にその日の授業のことなどをお願いして休むことになる。先輩方には助けてもらうばかりで感謝しかない。もちろん、私の心中穏やかではない。

――この怒りをどこにぶつけたらええんやろか。

しかも、夫は保育園の懇談会には出たがる。

「懇談会、俺が出るわ。家で子どもの世話するのしんどいから」

この言いぐさ。まったく、むかつくったらない。

そんな裏事情を知らない周りのママやパパは、夫をほめそやす。

「カオリちゃんのパパは、いつも懇談会に参加していいパパやね。イクメン！」

みんなにちやほやされて、夫はご機嫌で帰ってくる。

「俺、いいパパやってみんなに言われんねん」

「それやったら交替して、あんたが子どもの世話し。どんなに大変か。夕食作って食べさせて、風呂に入れて、寝させて。私は明日の学校の準備もせんとあかん。あんたは仕事行くだけやん。家に帰って仕事してるの見たことないわ。あんた、家族のために何かしてるか？　何もしてへんやん、やってんのは自分のことだけ！」

日本には、まだまだ男尊女卑的な価値観が色濃く残っている。保育園の懇談会に出ただけで「いいパパ」と言われて調子に乗り、本人も自分は立派に子育てしていると勘違いしている。

——その意識を変えんとあかん！

何度も何度も衝突しながら、私の考えを伝えていった。

「そんなんおかしいやん。だから日本で育った男は古臭くて嫌やねん。なんで女だけ家事やの？　なんで母親だけが育児やの？　二人の子やねんから、二人で育てるのが当たり前やろ。家事だって、一緒にやるのが当たり前やろ」

夫はなんでもふんふん聞いてくれるタイプなので、少しずつだけど変わっていった。

「ふん、そうやな。俺もせんとあかんかなあ」

「じゃあ、掃除と料理どっちする？」

「料理より掃除のほうがましやな」

「ふーん、楽なほう取るんや。私のほうがいつも面倒なことをしてあげてるな」

私はこんな嫌味や恩着せがましいことも言いながら、家事の分担を決めていった。

掃除といっても、夫は四隅は残して丸く掃く方式で「俺って完璧ちゃう！」という感覚の持ち主、私からすればかなり適当だった。それでも、やらないよりましと割り切った。

――私もちょっとは譲歩してるねんで。

もう一つ、私が結婚当初から夫に望んでいたことがある。それは、それぞれの友達を紹介し合って、みんなで仲良くつきあうということだ。私の友達はあなたの友達、あなたの友達は私の友達。その友達が結婚したらお相手の人も一緒に、子どもができたらその子も一緒に家族ぐるみで、というのが私の理想だった。

「そういうふうにしないと、あんたリタイアしたら、つきあってくれる人誰もいなくなるで」

「ふん、そうかな」

私は自分の友達の家に遊びに行くときは、夫がいたら必ず誘って一緒に行った。なので、「お宅のご主人に悪いから」などと遠慮してうちに来ない友達は一人もいない。夫の友達ともそういう関係でありたいと思っていた。

幸いにも保育園のママ・パパ友とは、なんでも言い合えるよい関係が築けていて、家族ぐるみの付き合いだった。

「うちの旦那、私がめっちゃ忙しいのに、飲んで帰ってきてなんにもせえへん。どついたろか」

私が腹立ちまぎれに愚痴ると、ママ友もすぐに加勢してくれる。

「いや、うちもそうや。ほんなら二人でどついたろ」

こんな怖い会話から、父ちゃん同士も仲良くなり、週末になると誰かの家に集まって、みんなでよく飲んだ。子どもたちはお泊りセットを持参しているので、適当に布団を敷いて寝かせ、大人は深夜まで愚痴大会。ほんまに楽しかった。家族ぐるみでつきあうといっそう絆が強くなり、長続きするようだ。

子ども同士が会う機会は少なくなったが、親同士は今も仲良くしてもらっている。


こうして振り返ると、夫はかなり私の考えを受け入れてくれているように見える。でも、私にすると一から十まで、いや百まで言わないとわかってくれないので、めっちゃ面倒くさかった。しかもそこまでしても、長年夫の意識にすみ着いた男尊女卑的価値観はかちんこちんで、なかなか壊せない。これをちゃんと追い払わんと、私はラクでけへん。

まだまだバトルは続くのであった。

子どもは偶数がええで

双子で元気に生まれてきたとき、これはラッキーかもしれん、もうちょっとや、と私は思った。

何がもうちょっとかというと、あと一人授かれば子どもが四人になるやん、ということだ。もし双子じゃなかったら、仕事や年齢を考えて、あと二人も無理や、と思ったにちがいない。

なぜ、私が四人にこだわるかというと、大学時代に受けた、ある講義が心に残っていたからだ。そのとき教授はこうおっしゃった。

「社会の仕組みとして、一人っ子は社会に馴染めない不完全さを持つ。まず兄弟姉妹はいたほうがいい。二人だと父親と母親が一人ずつ面倒見られるから、子どもはそれぞれ百パーセントもらえるので満足する。

でも三人になると親の手を百パーセントかけられない。目をかけても逃げ道ができるから、ほっとできる部分はある。ただ奇数は、人格形成上、ちょっと寂しい人ができる。例えば三人で旅行行ったら、一人だけ一緒に座られへんかったりして、なんとなく二対一に分かれてしまうやろ。一人にされた人は寂しい。だから三人はあかん。

四人は偶数やから二人、二人になる。この組み合わせは変わるんや。だから四人から初めて小社会ができる。これがそれぞれの人格形成にすごくいい影響を与える。家庭という小さな社会の中で、順応する経験ができる。社会に出たとき、その経験を踏まえて生きていける。つまりスタート地点に立てる。それが四人や。五人は奇数やからやめとけ。六人は……」

――なるほどな。そういえば、あの友達は三人兄弟、あの子は四人兄弟姉妹の長女やった、あの子はひとりっ子……。いろいろな意見はあるだろうが、先生のおっしゃってることは、一理あるかもしれん。

先生の名前も講座名も忘れてしまったが、この講義は印象的で、私の頭の片隅にずっと残っていたのである。

でもこればかりは授かりもんだから自然に任せないとしかたない、などとぼんやり思っていたら、四人目の妊娠がわかったのである。

二〇〇一年夏、双子を産んで職場復帰してからまだ二年も経っていなかった。私としてはすごくうれしいけれど、休んでばかりで学校には申し訳なくて、複雑な気持ちだった。

身を縮めて妊娠を報告したところ、教職員組合の活動をしている先輩の女性教諭に声をかけられた。

「野口さん、ええときに妊娠したんちゃう。予定日いつやの？」

「四月です」

「ちょうど、その四月から育休三年になるで」

「エッ、三年ですか？」

「あんたこれで長期に休めることもうないんちゃう？　次はあっても介護やで。これから先の教師生活長いで。給料出えへんけど、休んで子どもと一緒にいるのもいいんちゃう」

なるほど――。

法律が改正されて、翌二〇〇二年四月一日から、公務員の育休が、それまでの一年から最大三年まで延長されることになったのだ。

これまでの経験から、先輩の言うことは聞いたほうがいいと思う一方、大好きな仕事を三年も休んで子育てだけをしている自分は想像できなかった。揺れる思いを抱えて帰宅し、夫に告げた。

「まだ発表されてへんけど、来年の四月からうちらの育休三年になるらしい」

「エッ、まじ？　そしたら俺、ちょっと海外転勤の希望出すわ。三年間のトレーニーがちょうど空きそうやから、ぴったりやん」

「エッ、まあそうしたいんならそれでもいいけど」

この瞬間、私の迷いは吹き飛んだ。

夫の勤務する商社には、三年間アメリカでビジネス研修を受けられるトレーニー制度があった。

実は夫は就活で面接に臨んだとき、商社志望だけあって周りの学生はみんな「英語ができます」「中国語ができます」などと、語学力をアピールしたようだ。

「俺は、大阪弁できますって言うてん。それで通ったんや」

と笑い話にしていたけれど、第二言語を話せたらええやろな、とはずっと感じていたようだ。

夫はアメリカに三年間行きさえすれば、英語がペラペラになると思い込んでいた。住めば努力せずして言語を習得できると信じ込んで、意気揚々と研修制度に手を挙げた。

三十代半ばで年齢的にもちょうどよかったこともあり、希望はすんなり通った。うれしそうに夫は言った。

「来年の春に赴任するで。みんなで行こうや」

「まあ、ええよ」

こうして、来春子どもが生まれたら、一家そろって渡米すると決めたのだった。

それからまもなく、あの9・11アメリカ同時多発テロが勃発した。世の中、何が起こるかわからないものだ。

四機の民間旅客機が過激派組織に同時にハイジャックされ、このうち二機がニューヨークの世界貿易センタービルに突っ込んだのである。高層ビルは倒壊し、多数の死傷者が出るという、未曾有の大惨事となった。

テレビから流れる凄惨な光景は、まるでアクション映画のワンシーンのようで、とても現実のものとは思えなかった。私はただ呆然と、画面を見つめるだけであった。

そして、この影響は我が家にも及んだのである。世界はつながっている。何千キロ離れたところで起こったことでも、無関係ではいられない。

夫はビザが取れずに、翌四月に赴任の予定が五ヵ月ほどずれこみ、九月になったのである。これが我が家の命運を分けることになるなんて、そのときは夢にも思わなかった。

四人の子どもを連れてアメリカへ

二〇〇二年四月、無事次女・アヤコが誕生した。女の子と男の子、それぞれ二人ずつ四人の子どもを授かれたことに感謝でいっぱいだ。しかしちょっとした移動も大変だった。

そんなある日、タイミングよく、かつて同僚だったオードリーがこう言ったのだ。

「子どももいるし、ニュージャージーに帰って、子育てしやすい地域で家を買うつもり」

「エッ、そうなん。実はうちの夫のアメリカ転勤が決まっててん。三年間いるから一緒に家探してくれへん」

図々しく頼むと、彼女は快諾してくれた。

「ＯＫ！」

オードリーは、当時、国が展開していた、国際交流と英語教育の充実を図るＪＥＴプログラムに参加して来日した。私が講師をしていた小学校に赴任してきて、一年間一緒に働いたのだ。翌年、彼女が中学に移ってからも交流は続いていた。

私は、彼女の誠実で真面目なところや純粋なところ、常に最善を考えて行動するところが大好きで、尊敬していた。英語教師としてもすごく有能で熱心で、一人ひとりの能力や理解度に合わせて、少しずつ教え方を変える。ひたすら生徒のためを考えて指導する素敵な先生だった。私は彼女に絶大な信頼を寄せていた。

彼女にも、うちの夫のようなストーカー男が付いていた。その男アレックスは「自分だけアメリカに残るのは嫌や」と（大阪弁では言わなかったろうが）、日本まで追いかけてきたのだ。高校時代の同級生だそうで、オードリーの下宿に転がり込み、やはりＪＥＴプログラムの一員として、公立高校で英語を教えるようになったのである。

やがて二人は結婚し、私も結婚式に参列して祝福した。そんな彼らが、私たちと時を同じくしてニュージャージーに帰るというのだから、めっちゃラッキーやん。

夫の勤務地はニューヨーク市の中心地、マンハッタンだが、ニュージャージー州はニューヨーク州に隣接しており、通勤に便利だ。ニューヨークに比べると、家賃もずっと安いはず。いいことづくめや。

「向こうでオードリーたちと合流して、家と子どもたちの学校探して。頼むで」

「任せとき」

夫はいつものように軽く請け合い、その年の九月、一足先にアメリカに飛んだ。

オードリーは自分たちが住む家を探すだけでも大変なのに、私たちの家も一緒に探してくれた。

「私たちはA市に家を買うことにしたわ。晶子の家はA市かB市か、どっちがいい？」

「一緒の町やったらどこでもいい！」

こうして家はA市に決定！

次いで、オードリーは夫を学校見学に連れていき、一校ずつ、その学校の特徴や、いい点、悪い点などを丁寧に説明してくれた。

A市はとてもリベラルな町で、公立学校もそれぞれ特色があった。

オードリーの話によると、一九六〇年代に人種差別撤廃運動が起こり、それまでは同一人種が同じ学校に通う傾向にあったが、教育機会を平等にすべきという機運が高まった。

しかし、長年の固定観念や価値観がじゃまをして、なかなか折り合いがつかない。そこでA市では、どこでも自分の好きな小学校に行ってよしと決めた。

普通なら、この地域に住んでいる人はこの小学校、こちらの地域の人はこちらと、行く小学校は住んでいる地域で決まる。そうすると、当時のアメリカでは人種によっておおむね住み分けがなされていたので、結局、小学校も同じ人種の子が集まってしまう。それを避けるために、自由に小学校を選べるようにしたのである。

日本なら、公立小学校は、学習指導要領にのっとって授業が進められ、カリキュラムはほぼ同じだ。

ところが、A市の公立小学校は、カリキュラムは同じでも、芸術系に強い、数学系に強い、国際色が豊かであるなど、それぞれに独自色を打ち出していた。どの小学校も同じでは、自由に選べる意味がないというわけだ。こういう試みは珍しかったようだ。

ニュージャージー州の中でも、A市は人種差別を感じることがあまりなく、性的少数派の人たちも住みやすい、先進的な町であった。まさに多様性を具現化していて、オードリーとアレックスが選んだ町だけのことはある。

夫はオードリーに連れられ、あちこちの小学校や、日本で言う幼稚園を見て回り、彼女の見解を参考にして、子どもたちの学校を決めた。

二〇〇二年十一月、私は四人の子どもを連れて、アメリカに旅立った。このとき、長女は六歳十一ヵ月で小学一年生。長男・次男は三歳十一ヵ月、次女は七ヵ月であった。

信者ではないのに失礼ちゃう？

Ａ市は緑豊かな美しい町だった。

私たち家族にとって、とても住みやすい町で、あからさまに差別されたことはない。住んだその日から、平等に接してくれた。逆に言うと、英語がしゃべれて当たり前、ということになる。

その環境下で、子どもたちは慣れるまでは相当苦労したと思う。

長女はＥＳＬのクラスがある小学校に入った。ＥＳＬとは、英語以外を母国語とする子どもたちが、英語を学ぶためのクラスだ。私はあえて英語を教えなかったし、長女は英語に触れたことがない。その小学校に入るときに英語能力のチェックを受け、まったくしゃべれないのでＥＳＬのクラスを受講することになったのだ。

ふだんは一般の子どもたちにまじって授業を受け、週に何時間か通常の国語（英語）の授業を抜けて、ＥＳＬのクラスで基礎英語を教わる。ＥＳＬの先生は、子どもが通常の授業についていける十分な英語力が身に付くまで指導してくれる。このあたりは、アメリカらしい合理的な仕組みだと思う。

そして、長男・次男は、ユダヤ系の幼稚園に入ることになった。

オードリーとアレックスの息子ルーカスは、息子たちより一歳年下だった。

「うちの子はユダヤ系の幼稚園に入れるわ」

オードリーがこう言うと、ＹＥＳマンの夫はすぐに同調したらしい。

「うちの子もそうするわ」

それを聞いたとき、私は猛然と夫に抗議した。

「なんでやねん、うちら仏教徒やのにええのん？」

――ユダヤ教のことなんて何も知らんのに子どもを行かせるのは、宗教に対する冒とくになるんちゃうか。

そう思うと、穏やかではいられなかった。

州によって異なるが、Ａ市では幼稚園の年長にあたるキンダーから高校までの十三年間が義務教育で、公立は授業料が無料だ。日本の幼稚園にあたる学齢は義務教育ではないため、各家庭の判断で自費で通わせる人もいれば、自宅で過ごさせる人もいる。

私は、信仰しているわけでもないのに、外形的なところだけをファッションのように取り入れるやり方には賛成できない性格だ。例えば、仏像がかっこいいからといって、飾り物として庭に置いてあるのを見ると、心穏やかではなく、胸が痛む。クリスマスも、キリスト教徒の人の祝日なのに、電飾やツリーがきれいだといって、そこだけ楽しむのはいかがなものか。神様にも信徒にも失礼ではないか。

なので、夫に確かめた。

「それって失礼になれへんの？」

「失礼って、何が？」

夫に聞くだけ時間の無駄だった……。

私はオードリーに相談した。

「ユダヤ教徒ではないのに、ほんまに入れていいの？　失礼になれへん？」

「だいじょうぶ、ノープロブレム」

オードリーがそう言うのならと、息子たちをその幼稚園に入れた。

日本にも、お寺や教会が運営している幼稚園がある。それと同じとのことで安心した。

その園では、毎週金曜日に、ユダヤ教のお祈りをする時間があった。

祝日をお祝いするために勉強したり、おもちゃを作ったり、ユダヤの教義にのっとった食事をする行事もあった。私も、内容や背景を学びつつ参加していた。

「うちは仏教徒やねん」

と、周りの人には正直に話していた。

でも、嫌な顔をするどころか、そんな我が家を仲間として受け入れてくれたのだ。そこで知り合ったママ友とは、今もお付き合いが続いている。

残るべきか帰るべきか

アメリカは自由で、懐の深いところがあり、子育てもしやすい国だった。

例えば、ベビーカーを押して歩いていると、誰もがすぐに手を貸してくれる。子どもにかぎらず、お年寄りにも優しい。年齢を問わず困っている人がいると、必ず誰かが手助けする。見て見ぬフリをする人もいないわけではないが少数派だ。ボランティア精神が生活のなかにしっかり根付いているのだ。

その根源にあるのは、人権を尊重する、人の命を大切にするという、まっとうな価値観ではないかと思う。

子どもの命も、大人が全力で守る態勢ができている。

子どもたちが登校時や下校時に、学校の近くの横断歩道を渡るとき、黄色い旗を持って車を止めてくれる人が必ず毎日立って児童生徒の安全を守ってくれている。

スクールバスが停まり、ストップのサインを出すと、前後左右の車は止まらなければならない。さらに、スクールバスの助手がバスを降りて、周りの車がみな止まっているのを確かめて横断させてくれる。

ここまでしてくれるんだ、と感動したものだ。

一方、日本ではこんなショックな体験をした。

毎年夏休みに一時帰国して、子どもたちは日本の公立小学校に通っていた。たまたまその小学校で大規模な工事があり、トレーラーや大きなトラックが出入りしていた。警備の人が周りを見て、トラックを誘導している。

やっぱり、日本でもちゃんと安全を守ってくれていると、私は安心して見ていた。ちょうど下校時刻になり、低学年の児童が帰り始めたとき、大きなトラックが入ってきた。

そのとき一人の男の子が、トラックの前を横切り、横断歩道を走って渡った。すると、驚いたことに、警備員が子どもに怒鳴り散らしたのだ。

「おまえ危ないやろ、どこ見て渡っとんや」

私はとっさに警備員に抗議していた。

「ちょっとおじさん、あなたはなんでそこに立ってるんですか。トラックを止めるのが仕事じゃないんですか。子どもを守るのがあなたの仕事でしょ。注意する相手違うんちゃいますか」

するとそのおじさんは、今度は私に怒鳴った。

「なんでやねん、何言うとんねん」

そのとき私は初めてしみじみ思った。

――ああ、日本は小さいものや弱いものが虐げられとる。弱いものを守らずに強いものになびくんや。もし私が男やったら、そのおじさんは同じ言葉で罵倒したやろか？

もちろん、すべてアメリカがよいというわけではなく、日本には日本のよさがある。私は日本が大好きだ。

でも、命を守る、人権を尊重するという点では、まだ日本社会の意識はアメリカ社会のそれに追いついていないのでは、と感じた出来事だった。


こうして、感心したり驚いたりしているうちに、二年あまりが過ぎた。

二〇〇五年の年明け、私はそろそろ帰国の段取りについて考え始めた。夫の任期はあのテロによって赴任がずれたため八月末だったが、私は四月に職場復帰するつもりだったので、三月になったらとっとと帰ろうと決めた。

「私は、子どもたちを連れて先に大阪に帰るからね」

「エッ、俺を置いて？」

「育休切れるし、四月から仕事やし。ちょっとの間やん」

するとと、夫からまさかの提案が――。

「俺一人でアメリカに残るの嫌や。アメリカは住みやすいし、転職するからみんなでもう少しアメリカで暮らそうや～。このままおってちょうだい」

「ヘッ？」

私にしてみれば、まさに青天の霹靂。いきなり言われても、すぐには決められない。残るべきか帰るべきか、ほんまに難しい選択だった。

そもそも私は特にアメリカに住みたいとは思っていなかった。誰もがすぐに受け入れられる移民国で、住みやすいし、子育てもしやすい。けれど歴史が浅く、自由すぎて、法に触れない限り、ありとあらゆる文化や習慣も受け入れＯＫというのが、どうも性に合いすぎて、生きやすすぎて、私のようなさぼりたがりやは、果てしなくだらだらと自堕落な人間になりそうで恐ろしい。

そしてさまざまな思いが胸をよぎった。これから年老いていく両親、孫との時間を奪ってしまうのではないか、もし離婚したら四人の子どもたちをどうやって食べさせるのか、私のキャリアは、年金は……。

何より私は教師という仕事が大好きで、大いにやりがいを感じていた。生きがいでもあった。けれど、どこまでやっても終わりはない、めっちゃしんどい仕事だ。日本に帰ってまたあのきつい仕事ができるのか――。

目を吊り上げて、我が子にキーキー当たり散らしている自分の姿が目に浮かぶ。

一方、アメリカに残ったら、子どもたちは伸び伸び暮らせるだろう、子育てしやすい国だから私の負担も減り、ラクできる――。子どものためは自分のためや。

こうして、悩み抜いた結果、アメリカにとどまることにしたのである。

夫は無事日系のメーカーに転職を果たし、私は退職して専業主婦となった。

もし、テロが起こらず予定どおりに夫が四月に赴任していたら、一家そろって帰国し、元の生活に戻ったにちがいない。

あれ？　何があっても自分で子どもを育てられるように教師の道を選んだのに、教師よりもアメリカで暮らすことを取ってしまった。夫の希望でやって来たアメリカやのに、ミイラ取りがミイラになった？

第２章
子育ても最初が肝心

親業講座で子育ての極意を学ぶ

アメリカで生活を始めると、私は急に暇になった。上の子たちをそれぞれ小学校や幼稚園に入れ、四番目のアヤコも保育園に預けると、少し心にも時間にも余裕ができた。せっかくだから、何か勉強したいという気持ちがムクムクと湧き上がった。そんなとき、たまたま日系の無料の新聞で、ペアレンティング講座を見つけたのだ。

――おお、こんなところにあったやん。しかも日本人の先生や。

私は食い入るようにその記事を見つめた。

ペアレンティングとは、平たく言うと親業のこと。よい親子関係を築き、子どもを自立に導く、子育ての方法を学ぶのだ。学問として確立されており、ある大学で聴講生募集を見つけたのだが、その講義の時間が子どもたちの送迎の時間とぶつかり、残念なことに行けなかった。すごく興味があったので、どこか他でやっていないかと探していたのだ。

その日本人の先生は、日本語で教えてくれるという。私は早速聴講した。それが大塚先生との出会いだった。

大塚先生は、自宅でもペアレンティングの勉強会を定期的に開催していらっしゃったので、続けてそちらでも受講した。五～六人のグループレッスンで、親役と子ども役に分かれて言葉のかけ方の練習をする、というような授業もあった。

家におじゃましたとき、壁が全面本棚になっている部屋に通された。

――うわー、本だらけやん。図書館みたいや。

私は先生にすすめられた本をお借りして、片っ端から読んでいった。今度はこんな感じの本が読みたいとお願いすると、ああそれならこれとこれがいいよと、気軽に貸し出してくださる。

二人のお子さんをアメリカで育てておられたので、子どもの言語の習得についても相当勉強されたようだ。ペアレンティングに加えて、その知識も惜しみなく伝授してくださった。

私も子どもたちの日本語の維持や、第二言語の習得をどうすればいいか思い悩んでいたので、勉強になることばかりだった。

ペアレンティングの勉強会に通ったのは三ヵ月ほどだったが、収穫が多く、濃い時間を過ごせた。

私が教わった、でもなかなか実践できなかった、ペアレンティングのポイントをちょっと書いてみよう。

ペアレンティングの核となる価値観は、家族の中心は親、子どもはそのうえに成り立っている、というもの。そして、子どもが幼いときから、一人ひとりの人権を尊重しなければならないことを教える。

例えばこんな状況、日本ではよく見かけるのではないだろうか。

バス停でAB二人のママがおしゃべりをしている。Aママの子どもが「ねぇ、ママ、ママ」と駆け寄ってくる。すると、隣にいたAパパが「おい、おまえ見たらんか。子どもが何か言うてるやないか」とママに文句を言う。

Aママは「○○ちゃん、ごめん、ごめん」とか言って、おしゃべりの相手であるBママをほったらかして、子どもの話を聞く。

日本にいるとき、Bママ状態になった私はしょっちゅうほったらかされて、待てばいいのか帰ればいいのかわからず、ぽつねんと突っ立っていたものだ。

では、アメリカではどうだろう。

子どもが話しかけてきたら、ママさんは押しとどめる。

「ちょっと待って、今ママはアキコと話してるわよね。あなた最初に言わなきゃいけないことは何？　エクスキューズミーでしょ。あなたはママがしゃべってるのじゃましたのよ。

それはママにもアキコにも失礼だわ。まずエクスキューズミーって言ってからにしましょうね」

こう言って、子どもにまず「アイムソーリー」と謝罪を促す。それから子どもは「エクスキューズミー、ママ、なんちゃらかんちゃらしてくれない？」とお願いするのである。

隣にいるパパは優しく見守り、私も微笑みながら親子の会話が終わるのを待つ。ママは間違った行動を正した子どもに「ありがとう」と感謝を述べ、パパは正しい行動ができたことをほめる。

そして子どもは、自分が小さいからといって、相手がママだからといって、なんでも許されるわけではない、相手を尊重しなければならないことを学ぶ。

相手が何かやってるときに、自分の都合でいきなり中断させることは、おおげさに言うと相手の人権を侵していることになる。

アメリカの親は「そんなことしちゃダメ！」と叱りつけるのではなく、許可を得てから話すこと、相手の気持ちを尊重することを、子どもが理解できる言葉で伝えるのである。

これは、ペアレンティングの基本の一つだが、アメリカの親御さんは、自然体でやっているように見える。私のように、そう言わなあかんからと、変なテンションになったり、猫なで声を出したり、肩をいからせたりしていない。

アメリカ人は、みんなペアレンティングをマスターしているというのだろうか。うーん、なんで？

実はイギリスに留学したときも、イギリス流のしつけに衝撃を受けた。

私はスコットランド人の家に住み込んで、三歳の子どもの世話をしながら語学学校に通っていた。その子はまだ小さいのに、ちゃんとテーブルマナーを知っていてナイフとフォークを上手に操った。私よりもマナーがいい。すごい！

また、日本では、ファミレスでワーワー騒いだり走り回ったりする子どもを、ときどき見かける。でも、周りの大人は、子どもやからしゃあないよね、と大目に見ることがほとんどだ。

ところが、イギリスの子は静かに座って食事をする。なんと、犬まで吠えずに静かに座っているではないか。すごい！

「なんでこんなに静かにお行儀よく食べられるんですか？　なんで騒いだりせえへんの？」

あまりにも不思議で、ママさんに尋ねた。

ママさんの話によると、イギリスでは、小さい頃から食事のマナーの訓練をしているという。初めは、ファストフード店のような子どもがたくさんいるところで練習する。そこでちょっとでもうるさくしたら、食べないですぐに外に出る。

そして、子どもになぜ出るのかを説明する。

「周りの人もみんな食事を楽しみに来ているのよ。あなたが騒いだら、せっかくのお食事が楽しくなくなっちゃうわ。みんなに迷惑がかかるわよね。あなたも横で騒がれたら、落ち着いてご飯食べられないわよね。どうしたらよかったかしら？　じゃあ今度は食事のときはちゃんと座って静かに食べようね」

決して叱ったり怒鳴ったりしないで、冷静に言い聞かせる。すごい！

実際に私はその場面に出くわした。

子どもがちょっと騒いだだけで、パパさんがサッと抱えてガーッと連れ出し、何も食べてないのにママさんがパパッとお金を払って出ていった。電光石火の早業に、私はホーッと感心しながら、でも、思った。

――いや、ご飯もったいないやん。私にはなかなかでけへんな。ああ、もったいない。

そういう経験があったので、アメリカでもやっぱりそうなんや、小さい頃から子どもに人としての基本を教えてるんやと、イギリスで受けたほどのショックはなく、割合冷静に受け止めることができた。

また、ペアレンティングを受講して最も参考になったのは、「自分の意見を言うのではなく、まずは共感する、次に、子どもの行為によって湧き上がった自分の感情を、一人称で率直に伝える。その際、子どもの気持ちや立場を尊重しながら、自分の言葉が子どもの心に届くように伝える」というものだ。

例えば、門限を守ると約束していたのに、子どもがその時間に帰ってこなかったとする。親は腹を立てて、冷たく問い詰める。

「何してたん？」

この一言は宣戦布告のゴングのようなもの。なので言うたらあかんヤツ。

親が叱るのは心配しているからだ。その気持ちをまず率直に伝える。

「遅いからちょっと心配しててんけど、無事に帰ってきてくれてよかったわ」

すると子どもは、心配してくれてたんや、悪かったなって思って、遅くなったわけを素直に話し始める。

「ハナコちゃんが携帯をどこかに置き忘れたから、一緒に探しててん」

「ああ、そうなん。大変やったね。だから帰りたい思ってても帰られへんかったんやね」

などと言って子どもの立場に共感を示す。

次に、じゃあどうすればいいか子どもと話し合う。なぜ門限に遅れるのか、どうしたら遅れないか、遅れそうになったらどうすればいいか、その理由を箇条書きにして一緒に解決策を考え、どうするか決める。そしてあなたが決めたんだから守ろうねと導いていく。

こんなふうに、子どもに共感を示す、どうしたらいいかを子ども自身に考えさせる。これがペアレンティングのコツだ。そして「どうしたらいいと思う?」と問いかけるときのポイントは、相手の気持ちを考えるように促すこと。

例えば、子どもが誰かを叩いたとしたら「叩かれてあの子はきっと痛かったねぇ、悲しかったかもしれないねぇ、じゃあ、どうしたらいいかな」というふうに言葉がけをして、子どもに考えさせる。

もちろん、親の声の調子や表情も大切だ。目を吊り上げ、声をプルプル震わせて「どうしたらいいかな?」と聞かれたら、子どもは普通に怒られるよりよけいに怖い。言葉とボディーランゲージが一致してこそ、子どもの心に届く。

なるほどと頭ではわかっても、いざ実践となると、ちっとも思うようにいかない。すぐに子どもたちにボロカスに言ってしまい、あかん、あかんと我に返ることの繰り返しだ。

なので、まずは一番シンプルな言葉がけからやってみた。

「それをされるとお母さん悲しいな」「そうしてくれたらお母さんうれしいな」

「これやって」じゃなくて「これやってくれたら、お母さん助かるわ」

実際に何かやってくれたら「助かったわ、ありがとう」

これくらいなら初心者の私でも言えるやろ——。

それから、意識してこの文言を使うようにすると、だんだんなめらかに言葉が出るようになってきた。おおーっ、いい感じやん。でも調子に乗って連発すると「お母さん、口だけやん」と言われてしまうので、そこは注意が必要だ。「心に届く」を忘れたらあかんで。

このペアレンティングの技術は、子どもにだけではなく、いろんな人間関係に応用できる。大塚先生は夫婦間でも取り組んでほしいと言う。

「子どもに対しては案外やりやすいですが、夫婦間ではそういう言葉がけが難しい人が多いので、意識してご主人に言うようにしてください。例えば、何かしてほしいときは『何々してくれたらすごく助かるわ』と言うと、ご主人は『そうか、助かるんか、じゃあやってあげようかな』と思って喜んでやってくれるでしょう。そしてやってもらったら、必ず『ありがとう』と言ってください」

超難しいなと思いながらも、真面目な私はとりあえずやってみた。

「あんたが掃除してくれたらすごく助かるわ」

「なんや急に。気持ち悪いな」

「優しく言うてるつもりやけど」

「どこがやねん。顔が怖いで」

「なんやの、それ。人がせっかく優しく言うたってんのに。とにかくさっさと掃除して！」

なんや、いつもと同じじゃん――。

でも、後に私が日本語補習校の教員になったとき、大いに役立った。廊下を走っている子に「走りなさんな」じゃなくて「歩きましょう。怪我するかもって先生心配してしまうの」と注意できるようになったのだ。

このとき、ペアレンティングで学んだことが生きたなって思えた。

最初を丁寧にすれば後は楽ちん

日本では保育園やママ友・パパ友、先輩先生に教わり、アメリカでペアレンティングを学び、ご近所さんにも助けてもらって育児のコツが少しずつわかってきた。

自分の時間確保に精を出す私としては、できるだけラクに最短距離で子どもたちを自立のゴールに導きたい、という思いが常にある。そこで、身の回りのことはすべて子ども自身にやらせるようにしてきた。

このきっかけは、一つの成功体験だった。例の「洗濯物をしまうのが面倒くさい問題」である。

その頃、洗濯して取り込んだ子どもの小さな服をたたんでしまうのが面倒で、そのたびに地味にしんどかった。もちろん、夫のものは夫自身がしまっていたのだが、二歳の娘にそれができるとは思わなかったのだ。

そのとき、あの双子のママに「自分でやらしいや」と言われ、半信半疑で私はカオリに言った。

「この箱にあんたの洗濯物入れてな。こうやって入れるねんで」

私は手本を見せた。

下手くそでもぐちゃぐちゃでもいい、とにかくこの箱にさえ入れてくれればとおおらかに見守った。すると、なんとなくできるようになったのだ。

面倒な家事の一つが省けて、私はめちゃくちゃラクになった。

たしかに最初は私がやったほうが早いので辛抱が必要だし、できるようになるまで、根気強く丁寧に教えて一緒にやらなければならない。でも子どもは一回習得すると、あとはほっといてもやってくれる。こんなにラクなことはない。

私は子どもの年齢に合わせて、やりやすいように設定してやるだけだ。洗濯物を箱に入れられるようになったらたたみ方を教え、それができるようになったら、自分の引き出しに入れる、という具合に少しずつ前進していった。

おもちゃも、自分で使ったものは自分で片付けさせた。洗濯物と一緒で、この年齢だったら、この大きさの箱なら入れられるだろうと推し量って、私が準備する。あとは「この中に片付けような」と声をかけ、お手本を見せるだけだ。見よう見まねで子どもが入れられたら「できたやん」「すごい！」とほめる。できなかったら「一緒にやろうな」と言って一緒に片付け、できるように導いていく。

こうして、自分でできたという小さな達成感を積み重ねることで、子どもの自発性や意欲も育ち、徐々に自立につながっていくように思う。

仕事は失敗すると周りの人に多大な迷惑がかかるが、家庭内の失敗なら、毎日挽回できる。そう思うと気楽に取り組めた。

二歳頃からそれぞれやらせていたので、洗濯物をしまったり、部屋を片付けたり、料理を食卓に運んだり、食後に自分の茶碗を洗ったり、ゴミを捨てたり……。私が言わなくても、当たり前のように、子どもたちは自分のことは自分でやるようになった。さらに人のために動くこともできるようになっていった。

その結果、自分の時間が数分ずつ増えていった。まことに喜ばしいことだ。

勉強より家事を

私は「家族のために家事をやりなさい」とはうるさく言ったが、「勉強しろ」と言ったことは一度もない。勉強は自分のためにやるもの、私は特に子どもに勉強してほしいとは思っていなかった。

子どもがそれぞれ小学生ぐらいになったとき、こう言い渡した。

「あんたが勉強したらあんたが賢くなって、あんたの知識が増えて世界が広がる。勉強は自分のためにやってるんやで。宿題や勉強は遊びと一緒。遊びは楽しいからやるんやし、勉強は自分の世界が広がるからやるんやで。だから、勉強はあんたの遊びの時間にやってな。家に帰ってきてまずやることは、家族のために人のためになることをすることとやから」

帰宅したら家事をするというのは、我が家の家訓のようなものだ。といっても、守らない男が一名いるが。

弁当箱を洗ったり、汚れたところを拭いたり、最低限の家事をやったら遊んでよし、勉強は自由時間にやるのが我が家の決まりだった。

彼らはやり出したらキリのない家事よりは、勉強のほうがラクらしく、ささっとやるべきことを終わらせて、宿題に取りかかる。宿題をやらずに学校に行くのはルール違反。なので宿題は家事に次いでやるべきもの、という位置付けだった。

アメリカにも塾や受験勉強はあるが、日本のそれとは違う印象を受ける。自分でテーマを見つけて勉強する子もいるのだろうが、うちの子どもたちは、基本的には勉強は宿題だけだった。

私は年に一度は帰国して、周りのママさんやパパさんといろんな話をする。その際、いつも、ん？　と思うのが、中学受験の話、どこそこの塾の話、だれそれがどこどこの高校、あの子はどこそこの大学だとか、偏差値がどうとか、そんな話ばかり耳に入ってくることだ。

――そっか、それがみんなの最大の関心事なんやね。

日本のトレンドが理解できた私だった。

ふと、ママさんたちに問いかけてみた。

「子育ての最終目的って、何なんやろ？」

「いい大学に行かせて、いい会社に就職させることちゃうん」

「いい大学ってどんな大学？　いい会社って？」

「……」

みんなで考え込むが、はっきりした答えは私にも出てこない。

何をもって「いい」と判断すればよいのだろうか。今一度じっくり考えてみると、やっぱり「いい」というのは、子どもにとっての「いい」であって、子ども自身が自由に進路を選べるように育ってくれることではないか？　と感じる。

日本では学歴や点数で子どもを評価する傾向が強いようだが、入試で点数をたくさんとらないと入学できない大学に入ったら、子どもは幸せになるんだろうか。

近ごろ帰国すれば、老若男女誰もが忙しすぎて、疲れてませんか？　心の風邪をひいてませんか？　と感じる。

例えば、困っている人に出会っても見て見ぬふり。挨拶もしない。サービスを受ける立場になると人が変わったような態度を取る人もいたり……。

日本が大好きな私はとても悲しくなるのだ。

仕事も家事も子育ても、何もかもが完璧でないといけない、とがんばりすぎているから？　失敗すれば叱責されるから？

子どもたちも同じだ。成績だけで評価されて、自分そのものを認められたいという承認欲求が満たされないからだろうか？　あるいは達成感を得る機会が少ない社会になったからだろうか？

夜八時の極意

私は「家族のために家事をしなさい」だけではなく、「日本語を話しなさい」「人の役に立ちなさい」、何よりも「命を守りなさい」ということを、子どもたちにしつこく言っていた。

命を守るためには八時に寝なあかん。睡眠こそ健康の源やから。我が家ではこれを「夜八時の極意」と呼んでいる。

私の理想は、朝、子どもが気持ちよく目覚めること。そのためには八時に寝かせるのが最善とわかった。それより遅いと睡眠不足で、なんとなく不快感が残るようだ。それでも、仕事に行かなくちゃいけないからと、自分の都合で無理やり子どもに準備させるのは、一種の虐待やと感じた。保育園時代、睡眠時間が不足気味だと子どもたちは本当につらそうで、かわいそうだったことを今でも思い出す。

そのときから、八時に寝かせるのは、私の最重要課題となった。でも、教諭として働いていた頃は、めっちゃ大変だった。七時までに保育園に迎えに行き、帰ってきてお風呂に入れてパジャマを着せて、ご飯を食べさせて――。一時間ぐらいあっという間に過ぎてしまう。

慌てて布団を敷いて「おやすみ～」。ああ、何とか今日も終了、でもこれからテストの採点せなあかん、トホホ……。

――今振り返ると、ほんまにようやったわ。

アメリカに来てからは、上の三人は自分のことはほぼ自分でできるし、夕食を早めにすればいいだけだから、ぐっとラクになった。

そんなある日、日本に住む友人がこんな愚痴をこぼした。

「うちの子、夜中まで起きてて部屋にこもってゲームをしてるねん。朝起きへんから、私がたたき起こしてるねん。ほとんど毎日そうや、なんとかなれへんかな」

「エーッ、なんで親が起こしてんの。ほっときいや。子どもの今すべきことは学校に行くことちゃうの」

私には、親が手を出しすぎて、子どもの自立の芽を摘んでいるように見えた。

子どもが誰かに起こしてもらうなんて、我が家では考えられないことだった。私が夜八時に寝るようにしつこく言ったのは、それによって朝自ら起きられるようになるからだ。遅刻しないように自分で起きて準備するのは当たり前のこと。これが自立につながると私は考えていた。

私は子どもが高校生になっても「絶対、八時に寝なさい」と言い続けていた。

「高校生で夜八時に寝るって、そんなんおらんで」

と子どもは苦笑い。でも、おおむね九時には就寝していたかなぁ。

早寝、早起き、規則正しく三食とって、生活のリズムを整える。すると必然的に爽快な朝を迎え、食欲もあり、体も目覚め、学校に到着した頃には頭も回転する。十分な睡眠をとることで体調を崩すことも減る。「夜八時の極意」はいいことづくめだ。

さらに「起きなさい」と言わなくてすむのである。朝、子どもを起こすことに使う体力と気力と時間を、夜早く寝させるために使うのはいかが？　親はラクできまっせ、たぶん。

我が家はほぼ毎朝「お弁当作ってください」と私が起こしてもらっていた。

遊びは自然のなかで

日本にいる頃は、幼いカオリを連れて、近くの万博公園によく遊びに行った。コスモスの咲く季節はコスモスの丘に行き、花がないときは縄跳びだけ持って広場に行き、そこでずっと遊んでいた。

私自身は遊園地は大好きだが、子どもを連れていったことはない。というのは、最初はコーヒーカップが回るだけの単純な遊具で満足していても、だんだん、もっと面白いもの、もっと刺激の強いものを求めるようになる。

これって、機械に楽しませてもらっているだけ。そういう経験は子どもにはいらない、大人になって自分のお金で行けばよし。

子どものうちは野原で走り回ったり、道端に咲いている花を見たり、落ちているどんぐりを拾い集めたり、自然に触れて遊ぶほうが、感性豊かな人間に育つのではないかと、私は勝手に思って実践していた。

アメリカの家は庭があり、木が植わっていたので、子どもたちはしょっちゅう木登りをしていた。するするとサルのように上っていくのを見て、感心したものだ。

木登りが得意だからといって、将来役立つとも思えないが、「特技は?」と聞かれたとき「木登り」と答えられる。できないよりはずっといい。

冬場は雪が積もるので、庭に雪山を作ってソリで滑り降りたり、スキーをしたりして遊ぶ。成長すると、息子たちは庭でスキーのクロスカントリーをして楽しんでいた。

市販のおもちゃはほとんど買わなかった。決してケチだからではない（でもいつも金欠！）。私はおもちゃの電子音が嫌いだし、環境に悪影響を与えるプラスチックも嫌い。なので、私の趣味に合う木の積み木とか木琴とか、自然素材のおもちゃを、ちょこっと与えていた。

もちろん、子どもの「買って買って攻撃」に屈するような私ではない。ねだっても無駄と彼らはすぐに悟り、自分たちで創意工夫して遊ぶようになった。

マサトが友達の家に遊びに行ったら、魚釣りゲームを見せてもらったそうだ。面白そう、やりたい、と思ったらしいが、親が買ってくれないのはわかっている。そこで自ら創作した。画用紙やダンボールで魚を作り、磁石を張り付け、割りばしに糸をくくりつけて、釣り竿にする。

四人が集まってなんか楽しそうにやってると思ったら、魚釣り大会だった。

こんな調子で、自分たちにできる範囲の遊びを考え、必要なものがあれば作り、どんどん広げていった。「必要は発明の母」と言うが、それは遊びにもあてはまるのかもしれない。

安易に市販のおもちゃを買い与えなくてほんまによかった。おかげで子どもたちの創造力や感性が磨かれた、と私は自画自賛していた。

ところが、大学院生になったカオリが、遊びに来た友達にこう言っているのが聞こえた。

「お母さんが我が家で一番幼稚でわがままやから、私ら反抗期ないねん。反抗したら何倍にもなって返ってくるもん」

ちょっと私の我が強すぎたんやろか?

金銭的な自立に向けて

我が家ではお小遣いは与えなかった。テストの点数が良かったから、勉強したからとごほうびにお小遣いをあげる家庭もあると聞くけれど、もってのほか。

——勉強は自分のためにするもんや。ごほうびほしさにするもんやない。

お金に関する我が家の基本的な考え方は、衣食住など最低限必要なものは親が準備し、その他はアルバイトなど、自分で稼いだ範疇でやりくりさせる、というものだ。

携帯電話についても、長女の高校時代にこう伝えた。

「もし急な用ができて、お母さんに連絡せなあかんときは、事務室に行けば必ず電話借りられるから、そうしてな。だからまだ携帯はいらんやろ?」

すると、彼女は担任の先生の電話を借りて連絡してくるようになった。そういうことが数回続き、携帯がないと不便だと頻繁に訴える。

「お母さん、誕生日に携帯買ってくれへん?」

「わかった。じゃあ、携帯電話は誕生日にプレゼントするわ。でも、月々の通信費はアルバイトして自分で払うんやで」

「わかった」

ということで折り合い、カオリの誕生日に携帯をプレゼントした。

同様に、下の三人も、携帯が必要な理由をきちんと説明したうえで買ってほしいと頼んできたら、誕生日に買い与えた。通信費は今に至るまで各自支払っている。

後述のように、子どもたちが大学に入学してからもこの方針を貫き、私たち親は最低限の援助だけして、それぞれの学費に応じて学生ローンや奨学金の利用、アルバイトなどの自助努力を子どもたちに促した。

こうして、物を大切にする心や、自分で稼ぐことの楽しさと厳しさ、お金の管理のしかたなどを学ばせ、金銭的にも自立できるように導いていった。

親が金欠だったという事情もあるが、子どものためにもすごくよかったんじゃないかと私は思ってる。

どんなこともオープンに

我が家の晩御飯の食卓は、子どもたちが我先にその日の出来事を話すので、いつも賑やかだ。といっても八割方は、カオリがしゃべっている。カオリは圧倒的に語彙が豊富で話上手だ。

「今日学校で、模擬裁判してたん。先生が裁判官役で、マイクたちが検察官役で私は弁護士役やってたん」

「へえ、どんな裁判やったん?」

カオリが事件の内容や裁判の様子を話すと、みんな興味津々。

「そうやったん、それは有罪か無罪か難しいな。みんなはどう思う?」

それぞれ思いつくままに意見を述べ、全員で議論する。

アメリカの学校では模擬裁判や模擬選挙の授業があり、その話がよく食卓に上る。子どもたちにとっても、刺激的で面白い授業のようだ。

なので小学生ぐらいから政治的な話もしていた。共和党と民主党の二大政党があることや政治的なスタンスの違い、今の大統領の政策などについてどう思うか話し合う。意見が割れて白熱の議論になることもある。

　こんなふうに、政治・政策について語り合うのが日常的な風景となっている家庭も多い。なかには、どちらの政党を支持しているのかはっきり言う人もいる。もちろん家庭内で政治談義は御法度という家庭もあるが、子どもたちも、選挙権を持つ頃には自分の考えをしっかり話せるようになっている。我が家でベビーシッターをしてくれていた当時高校生の人たちは、みんな十八歳になったとき「やっと選挙に行けるのよ！」と喜んでいた。その姿が今でも目に焼き付いている。

　日本では、家庭内で政治的な話をすることはあまりないようだ。若者が政治に無関心と言われるのは、そのあたりに原因があるのかもしれない。

　我が家では日本の政治にもしばしば目を向けた。環境問題や食糧危機などの社会問題も夕食時に話題となった。

　何事もタブー視しない、家庭内では隠し事はしない、嘘もつかない、が私の信条だ。子どもたちが思春期を迎える前から、性の話やＬＧＢＴＱＩ＋の話もオープンにしていた。男性と女性の体の仕組み、生理や射精があること、避妊のこと……。

「それでな、大切な自分の体は絶対に人に見せたり、触らせたりしたらあかん。他の人に対してするのもあかん」

日本では、保健体育の時間に女子だけ集めて生理の授業をすることが多いようだ。

なんで？　と私は思う。

男女ともに、それぞれの体の変化や生理について知っておくことが、双方の理解を深め、相手を大切にすることにもつながると思う。

我が家では夫も含め、男女四人の子どもたち、家族全員の前でなんでもあけっぴろげに話す。

「好きな人ができてん、どんなふうにアプローチすればいいかな」

などと、恋の悩みを打ち明ける子もいる。

すると、他の子どもたちはいっちょまえに、ああしたら、こうしたらと助言したり、自分の体験談を話したりする。

夫は身を乗り出して「そんなときはな」と得意げに切り出す。絶対言うでと私が思っていると「押して、押して、押しまくれ」。やっぱり――。

「もう、耳にタコができたわ。それをバカの一つ覚えって言うねん」

なんでか最後はいつも漫才になってしまう。やれやれ。

現地校か補習校か、夫婦で役割分担

アメリカに赴任したとき、カオリは小一だったので日本語はペラペラ、四歳になる直前だった双子の兄弟は幼児語、次女のアヤコは七ヵ月の乳児だったので喃語《なんご》しかしゃべれなかった。

アメリカには、週に一日だけ通う日本語補習校がある。補習校では、日本の学習指導要領に沿った一週間分の授業の内容を、一日で学習する。半官半民で、日本の文部科学省から校長や教頭が派遣されていた。授業は全て日本語で行われる。

夫と話し合い、日本語を維持するために絶対に通わせると赴任前から決めていた。

子どもたちにはこう言って説得した。

「もしあんたたちが日本語をしゃべれなくなったら、おじいちゃんやおばあちゃんとしゃべれなくなって、二人とも寂しい思いをするよね。あんたたちもおばあちゃんたちとしゃべりたいよね。だから日本語忘れんように学校に通って、読み書きだって勉強しよな」

「うん、じゃあ、がんばる」

上の三人は、うなずいた。一番下のアヤコは、補習校に通えるようになるまで、親ががんばるしかない。

こうして、子どもたちは平日は現地の学校に通い、土曜日は補習校で国語、算数、ときどき社会などの授業を受けることになった。

私は夫に聞いた。

「現地校と補習校、あんたはどっちを担当する？」

「俺は補習校」

「じゃあ、私は現地校担当やな。現地校の先生とのやり取りとか、ＰＴＡの仕事とか、お弁当作るのも全部私がするわ。週五日やから私のほうが多いで。あんたは補習校の宿題を見てやったり、先生とのやり取りとかお弁当やな。週一やで、それでいいねんね。私はどっちでもええで」

「わかった、補習校するわ」

ということで、私が現地校、夫が補習校と役割分担した。

私が役割分担をするのは、夫のためを思ってである。自分がラクしたいという気持ちも多少は、いやかなり、あるにはあるけど。

日本のテレビドラマや知り合いの話を聞いていると、お父さんがいるのかいないのかわからないと思うことがよくある。子どもたちはお母さんにはいろいろ話や相談もするが、お父さんとはそうでもなく、なかには臭いだの、汚いだのと言ってお父さんを毛嫌いしている子もいると聞く。みんなでうちに遊びに来てと誘っても、「みんな」には初めからお父さんは含まれていなかったりするのだ。お父さんは孤立している。

私はうちの夫に聞いた。

「あんなん、なりたい？　なんであんなことになるかわかる？　あのお父さんたちは子育てに参加しないで、家のことはおまえに全部任せるって言うてるねんで。きっとそうやで、絶対、そうや。定年退職してみいや、誰も相手にしてくれへんで。肩書ばっかりぶら下げて飲みに行こうとする、嫌なじいさんとかおるやん。あんなふうになるねんで。そのときには子どもたちはお母さんて言うて訪ねてきても、お父さんとは絶対言うてけえへんで——私はすでにもうあんたとは関わりたないけどな。あんた、そうなってもいいの？」

夫はプルプルと顔を横に振った。

「でもあんたが私と役割分担してたら、お父さん、お弁当作ってくれてるわ、掃除してくれてるわ、懇談会来てくれるわって、子どもたちは絶対に、お父さん、お父さんとなる。アメリカのお父さん見てみ。子どもはみんなお母さんとこ行かんと、まずお父さん○○して〜って行くやん。あれはお父さんがいつもちゃんと一緒に遊んで、家事や育児もやってるからやで。お父さんを信頼してるからちゃうんかな」

夫はうん、うんとうなずくのみだ。

「定年後の自分が、家族の一員として楽しく生きれるかどうかは今にかかってるねんで。今は面倒かもしれへんけど、絶対将来、やっといてよかったと思う日が来るで。別に私がしたくないから言ってるんちゃうよ。自分でするほうが全部早いもん。あんたがなんかしたら、あとが汚れてもっと大変なんは知ってるやんなぁ」

いいこと言ってても、最後に嫌味をくっつけるのが私の悪い癖だ。でも、今、きっと夫は感謝してると思う。

——子どもたちといい関係を築けているのは、私のおかげやで。

めっちゃがんばった「母国語の維持」

私は子どもたちの日本語を維持するために、全力を尽くした。そこまで日本語にこだわったのは、子どもたちを根無し草にしたくなかったからだ。

母国語を思うように話せず、自分がどこに属しているかわからなくなり、大きな葛藤を抱えている人をあちこちで見た。

母国語の背後にはそれを支える文化がある。私たちは自分の母国語はこれだと認識し、母国語を通じて自分は誰なのか、何者なのかを自覚し、自己を確立する。そこをすっ飛ばすと、思春期を迎える頃、自分は何者なんだという葛藤が起こり、人格形成がうまくいかなくなる。

イギリスに語学留学中、たくさんの悩める子どもや親御さんに出会った。

ある日本人とイギリス人のお子さんは「私はいったい何者なの」と悩み、葛藤して、親子ともに疲弊していた。

また夫婦ともに日本人の家庭でも、海外生活が長くなり、子どもが日本語でも英語でもない、怪しい言葉をしゃべっていると悩んでいる人がいた。

「学校の先生に、英語を教えなあかんから、家でも英語しゃべってくださいって言われてん。私ら二人とも日本育ちやのに無理して英語しゃべってたら、子どもは変な英語になってしもた。家で日本語をしゃべれへんから当然日本語も変になった」

とご夫婦はため息をついた。

でも、なかには、両方の言葉をほぼ完璧にしゃべれるというお子さんもいた。

「どうやって二か国語を操れるようになったんですか？」

「日本語をしゃべるときは日本語をしゃべる、英語をしゃべるときは英語だけをしゃべる、それを徹底したんです」

「なるほど」

二世の子どもたちともいろいろ話したが、もうちょっと日本語をちゃんとやっとけばよかったとか、英語も日本語も中途半端になってしまったとか、言語に関して悩みや後悔がある人もちらほら。

私は大学の授業で、第二言語は母国語を確立してから入れるべし、そうでないと母国語に支障をきたすと教わった。なので頭ではわかっていたが、ピンとは来なかった。現実を見て初めて、ああこういうことなんやと理解した。

どんなことでも、母国語で語れないことは第二言語でも語れない。母国語でちゃんと考えられる人は他の言語でも考えられる。そして母国語の背後には連綿と続いた文化がある。

この経験から、私なりに母国語はきちっとしようと思っていた。なので赴任が決まったときに夫に言った。

「日本語は絶対に維持せんとあかん。だって私ら三年後に帰ってくるんやから、そのとき子どもたちが日本語をちゃんと読み書きできるように育てなあかんわ」

結局は帰国しないでアメリカにとどまったわけだが、子どもたちの自己の確立のためにも、祖父母と楽しい交流を続けるためにも、日本語維持は私には絶対譲れないことだった。

それに、将来大学に進学するとき、日米、どちらの大学にも行けるから、選択肢が広がる。

——いいことづくめやん。

ではここで、私なりに考えて実践した「日本語維持の方法」を一挙大公開！

●補習校に通わせる

前述のように、子どもたちは土曜日に、日本語で授業が行われる補習校に通った。補習校は九時から十四時半までの五時間授業だ。

息子たち二人が野球部に入っていたので、練習や試合が土曜日にかぶることもあったが、ぶれずに補習校優先を貫いた。クラスのお友達の誕生日会も土日の開催が多くて、悩ましかった。

「悪いけどお断りしようね。補習校に行くと決めたんやから、ちゃんと行こうね」

こう言って子どもを納得させた。

補習校は義務教育ではないので、部活の試合や誕生日会があれば、欠席する選択肢もあった。でも、家族で話し合って、我が家は補習校最優先と決めて、皆勤賞を目指して通い続けた。

そうすると、誕生日会に来てほしいと心から思ってくれるお友達は、補習校が終わってからの開催にしてくれた。

●毎年夏休みは日本の学校に

すでに一年生だったカオリを除いて、下の三人は小学一年生になるときに帰国して、最初の一学期間だけ、日本の学校に通っていた。

さらに、アメリカの学校は六月末に夏休みに入るので、すぐに帰国して、日本の学校が夏休みに入る七月末ぐらいまでの一ヵ月間、日本の学校に通った。そのまま、アメリカの補習校が始まる八月のお盆明けまで実家に滞在し、日本語で過ごす。機会があれば夏休みの間だけ少年野球チームやクラブ活動に入れてもらって、真っ黒になって走り回っていた。

毎年これを高校三年生まで繰り返し、日本語のために、どんだけお金を費やしたことか。でも成果があったんやから、文句は言えへんけど。

●家では絶対に大阪弁

子どもたちはこう証言している。

「大阪弁しゃべらんと、お母さん、むちゃくちゃ怖かった」

家では絶対に大阪弁をしゃべるのが、我が家のルールだった。もともと大阪人は、大阪弁と標準語をしゃべれるバイリンガルだ。方言を話す人はみんなそうだ。ふだんは方言でしゃべっていても、標準語がわかるし、しゃべれる。標準語のみを話す人が、方言をネイティブ並みに話すのは至難の業だ。

子どもたちも、標準語をしゃべるようになったら、大阪弁がしゃべれなくなる。なので家では大阪弁を日常的に話す工夫をしていた。

土曜日に補習校に行くと、補習校は基本標準語なので、彼らは標準語になって帰ってくる。

「いや、やめて。大阪弁でしゃべってくれる？」

こう言って、日曜日に大阪弁に戻す。

月曜日からは現地校に行くので、今度は英語になって帰ってくる。

「いや、今何言うたん。お母さん英語わかれへんで。大阪弁で言うてくれる？」

こうしてまた大阪弁に戻す。

たまに子ども同士で英語をしゃべっていたら、

「家では大阪弁やで、ささっと頭切り替えてや」

とやんわり嫌味を言って、大阪弁に戻す。

こんな調子で根気はいったが、家では大阪弁を徹底した。

●NHKをBGMのように流す

アメリカに来てから、最初の三年ほどは子どもたちにはいっさいテレビは見せていなかった。そんなん見てる暇があるんやったら外で遊んで～。

アメリカにとどまると決めてから、私は夫に言った。

「テレビジャパンを契約せ～へん？」

テレビジャパンの番組は主にＮＨＫだ。

私は初めて子どもたちにＮＨＫニュースを見せた。これが大正解だった。天気予報では、北海道地方、東北地方、関東甲信越地方……、近畿地方、中国地方、四国地方、九州地方……、などと毎日同じことを言うし、日本地図も出てくる。自然に日本の地理がわかるようになった。

また、今日は二月二十日《はつか》の木曜日などと日付を言うので、一日《ついたち》、二日《ふつか》、三日《みっか》、四日《よっか》というような日にちの呼び方もいつのまにか覚えた。

政治家の話が流れると、いろんな専門用語が出てくる。意味がわからなくても、毎日耳から入ってくるので、やはり自然にその言葉を覚えた。

こうして、ＢＧＭ感覚でニュースを見せるのが、朝の日課になった。これは手間いらずだし、繰り返し同じ言い回しを耳から入れられるし、何よりも毎日継続できるのが、めっちゃよかった。

●日本の文化を教える

日本の伝統行事も欠かさず家で行うようになった。日本にいるときは適当だったのに、まさかアメリカでこんなにきっちりやることになるなんて、思いもよらなかった。

日本語の維持とは直接関係ないかもしれないが、こんなに素敵な文化があると海外に住んでいるからこそ子どもたちに知っておいてほしい。そして日本文化に触れる機会がめったにないだけに、家庭で触れることが重要だと切に感じたからだ。

改めて考えると、四季折々に本当にいろんな行事があり、日本文化は奥深い！　でも全部やるのはめちゃくちゃ大変！

お正月にはパン焼き器でもちをつき、子どもたちが餅とりをしてお雑煮を作り、鏡餅も飾る。帰国したときに買って帰ってきた重箱に、お節料理もしっかり準備した。七日にはそれっぽい草を用意して七草がゆもどきを、節分には豆まきをして恵方巻を食べる。日本に住んでいた頃は、恵方巻はお寿司屋さんで買って食べるものだったが、アメリカでは子どもたちが巻きすと海苔で巻いて食べた。雛祭りには、お雛様を飾ってちらし寿司を作り、ハマグリっぽい貝で澄まし汁も作り……。ああ、しんど。

こんなひと手間が実り、子どもたちは英語も日本語も一応不自由なく、大阪弁でジョークも飛ばせるようになった。無事トリリンガルになったのだ。

今、彼らはこう言う。

「お母さんはある意味すごい教育ママや。勉強せえとは言わんけど、ちゃんと家事せえってうるさいし、日本ではそれは行儀悪いってなるんやでって叱るし、大阪弁もちゃんとしゃべらなあかん。夜は絶対に八時に寝ろってうるさいし。そんなこと言う親あんまりおらんで。よその教育ママとは全然違うけど、めっちゃうるさい教育ママや」

そう言われてみればそうやなって、初めてその事実に気付いた。命を守る、日常生活をきちんとする、人のために動く、感謝する。当時はその次に大事なのが日本語の維持だった。たしかに、教育ママやん！

でも私は、何事も土台をしっかり作ることが大切やと常々思っていた。それさえちゃんとできれば、あとは放っておいてもすくすく育つ。最初はすごく手間がかかるけど、あとはラクできるやん。

健康な心と体こそ人生の財産。それを子どもたちに与えてやるのが、親としての一番の仕事ちゃうやろか。

第3章
それぞれに個性豊かな子どもたち

言葉は通じなくても心は通じる

二〇〇二年秋、アメリカにやってきて、子どもたちは、いきなりまったく言葉がわからない世界に放り込まれた。

そしてカオリは小学校に、マサトとアオバは幼稚園に通うことになった。

不安でいっぱいだろうと思い、私はこう励ました。

「人は心で通じるねん。あんたが喜んでる、怒ってる、親切である、失礼である、というようなことは、言葉がわからなくても相手に絶対通じる。だからどんなことがあっても、相手に嫌な思いをさせるような態度はとったらあかん。何か言いたいことがあったら、絶対心は通じるから、あんたは日本語で言えばいい。それと、イエス、ノウははっきりすること。それができてたら何も心配することはないで、楽しいで、行ってらっしゃい」

長男と次男は二人だからまだ心強い。カオリは一人で知らない子ばかりの学校に行かなければならない。

「だいじょうぶ、だいじょうぶ。人間なんて絶対にわかり合える。心配せんでいいから、行っといで、楽しいで、お母さんが代わりに行きたいわ」

私はいつもの調子で送り出した。

親が不安を見せると、子どもはよけいに不安になる。私はできるだけ明るく、ふだんと変わりなく振る舞うようにしていた。

でも、実は私自身も不安でいっぱいだった。勝手がわからないし、初めての町やし。子どもたちはそのうちなじむだろうと楽観していたが、私自身が本当は一番不安でたまらなかった。バス停のママ・パパたちとはどうお付き合いすればいいのか、学校対応はどうすればいいのか、文化習慣が違うから、こちらに悪気はなくても、相手を傷つけたり不快にさせることもあるのではないだろうか、考え出したらキリがない。

オードリーとアレックスに「絶対したらあかんことって何？」と聞いてみた。

「いや、そんなん特にないよ。だいじょうぶ」

そう言われてほっとした。彼らと同じ町に住めて感謝しかない。

子どもたちはスクールバスで学校に通う。私はアヤコをベビーカーに乗せて、毎朝バス停まで送っていくのだが、そこが保護者の社交場になっていた。何をしゃべっているのかわからなくても、できるだけ積極的に入っていった。子どもたちと同じく私も新入りなのだ。とりあえず、こういう理由で日本から来たと自己紹介する。

英語が聞き取れないときは、率直に頼んだ。

「私、ネイティブちゃうねん、もう一回言うて。そんなんばっかりで悪いけど、許してな」

かっこつけてもしょうがない。まず私がどんな人間かわかってもらうことから始めた。こっちから飛び込んでいけば、たいていの人は受け止めてくれる。

一口にアメリカ人といっても、そのルーツはいろいろだ。お父さんが日系、お母さんがロシア系のユダヤ系、アフリカ系、中国系、ラテン系、韓国系、マレー系の中国系のタイ系の……、インド系、シンガポール系、ヨーロッパのさまざまな国系アメリカ人が、バス停に集まっていた。人種のるつぼとはよく言ったものだ。

さあ、これから見知らぬ土地で新しい生活が始まる。

子どもたちも、しばらくは戸惑うことが多かったようだが、試練を乗り越えてそれぞれ羽ばたいていった。

面倒見がよくてしっかり者の長女

●嫌なことは嫌って言っていいんやで

カオリは小学一年生の十一月、アメリカの小学校に入った。アメリカは九月から始まるので、二ヵ月遅れで入学したことになる。

小さい頃からおしゃべりな子だったが、英語はまったくわからないので、不安が大きいようだった。

「だいじょうぶ、日本語で言えばいい。心は絶対に通じるからね」

と何度も励ましたが、「それでも心配や」と言う。そこで単語カードを作ってやった。彼女は小学一年生なのでひらがなは読める。どんなことが言いたいか聞いて、表にひらがな、裏に英語を書いて渡した。

「何も言えなかったら、これ見せんねんで。例えば『ありがとう』と言いたかったら、この裏を見せたらええよ。何か嫌なことがあったら、すぐにお母さん飛んで行くから、だいじょうぶやで。お母さん、いつでも助けに行けるように準備してるからね。何かあったら先生に言ってこの番号に電話して。ここに電話番号も書いておくから、それ見せるだけでええからね」

ようやく安心したのか、カオリは単語帳を握りしめて通い始めた。

三ヵ月ほど経ち、少し学校にも慣れてきたかなと思う頃、お風呂でシャワーを浴びながら、突然カオリが大粒の涙をポロポロ流した。

「なんで泣いてるの？」

「学校でいじめられるねん」

カオリは、今日は学校で嫌なことがあったとか、変なことされるとか、ぶつくさ言ってはいたが、興味のある子にちょっかいを出す子はよくいるので、そのたぐいだろうと、私は軽く考えていた。

「誰がいじめるの？」

「オリバーとジャック」

「なんで？」

「わかれへん。いつも髪を引っ張られるねん」

クラスの中でストレートの黒髪はカオリ一人だった。みんなさまざまな髪の色をしていて、くせ毛の人も多い。

はじめは黒髪が珍しいから触ってくるのかと思っていたようだが、そのうち自分の椅子がなくなったり、鉛筆を勝手に使われたりするようになった。そのうえ、遠足を楽しみにしていたのに、その子たちは「カオリは遠足に行きたくないって言ってるよ」と先生に嘘を教えたという。三ヵ月でおおむね相手の話す内容は理解できていただけに、つらかったという。

私が思っている以上に、娘はすごく傷ついていたのだった。

「カオリはそういうふうにされて嫌やったん？」

「うん」

泣きながらうなずく。

「そうか、がまんしてたんやね、教えてくれてありがとう。でも嫌なことは嫌って言っていいんやで。お母さん、明日学校に行って先生に話してみるね」

翌日、私は担任に伝えた。

「娘が、オリバーとジャックにいじめられるって言って泣いてます」

「エッ？　あの子たちがそんなことするの。あはははは－。二人には私から話しておきますね」

「その後どう？　先生に話したけど」

「何も変われへん。ずっといじめられる」

もう一度担任に学校での様子を伺いに行ったが、状況はあまり好転しなかった。

A市では子どもの誕生日に親がケーキやお菓子などを持っていき、学校で誕生日会を開いてもらったり、担任から要請があれば学校や教室で助手をしたり、遠足の付き添いをしたり、ボランティア活動をするのが日常だった。保護者が希望すれば、いつでも参観することもできた。

そこで、早速教室でのボランティアをすることにした。

教室に入ると、英語で自己紹介した。

「今日はボランティアで来ました。私はカオリの母親です」

するとクラスがざわめき、「英語しゃべれる」と子どもたちがひそひそ言っているのが聞こえた。

私はカオリに日本語で聞いた。

「どの子とどの子がいじめるの？」

「あの子とあの子」

私はその子の隣に座って聞いた。

「なんかさあ、カオリの髪を触ったりするんやって？　そうなん？」

「うん……」

「なんで触るの？」

「いや、髪がまっすぐだから」

いじめる理由がわかれば改善できると思っていたので、さらに問いただした。

「引っ張ったりもしてるん？」

「うん」

「そっか、触られたり引っ張られたりってすごく嫌やねんて。でもなんで引っ張ったりするん？　なんで？」

「あいつ英語ぜんぜんしゃべれないから」

なるほど、それが原因やったんか。なら、簡単やな。

「エッ、英語しゃべられへんからっていじめてたん？　そっか、あのね、カオリ日本語ペラペラやで〜、読み書きもできるねんよ。ジャックは日本語話せる？」

「いや」

「日本語ペラペラやけど、英語は、話してることは全部わかってるんやけど、まだうまく話せないんやって。すごくがんばってるやろ？」

「うん」

「ジャックに日本語教えてあげられるよ。勉強したかったらいつでもカオリに聞きや。なんでも教えてくれるで。それとな、カオリ英語しゃべられへんけど、全部聞きとれてるやん。だから、あんたに言われたことも全部わかってんねん。意地悪言われて傷ついてるわ。ジャックも言われたら悲しいよなぁ」

「うん……」

「そしたら、これからも英語がしゃべられへんからっていじめる子が出てくるかもしれん。もしそんなけしからん子がおったらな、あんたが守ってやってやってくれるか？」

「わかった」

「ほんま？　頼りになるな。ありがとうな」

もう一人の子の横にも行って同じことをしゃべった。

「じゃあ、またね、会えてうれしかったわ。ばいばい」

と手を振りながら、もう一回念押しした。

「頼んだで。頼りにしてるで」

それからは学校に行くたびに必ず「オリバー、ジャック、元気？　覚えてる？　カオリのお母さんやで」と声をかけた。発表会があると「今日はとても上手やったよ」と、毎回必ず声をかけた。

するとしだいにいじめはなくなったという。

カオリにも言った。

「あんたなんで英語しゃべれへんの？　あんたも黙ってんのよくないわ。ちょっとはわかってるんやろ。しゃべりいや」

「私は間違うのが嫌やねん」

この頃、聞き取りはほぼできていたので、何かばかにされていることはわかったらしい。間違った英語を使うとよけいにばかにされると思って、口をつぐんでいたのかもしれない。本好きで言葉や文字に対して、すごくこだわりのある子だったので、きちんとした言葉で表現したいという思いも強かったようだ。

家では一人でしゃべりまくっているのに、学校では言いたいことが言えない。ばかにされてるとわかっても言い返せない。彼女にとっては大きなストレスだったろう。

でも、先生によると、ある日突然彼女はしゃべり出したという。ずっと溜めてきて満タンになって、言葉があふれ出したのだろう。いったんそうなると、日本語と同じようにペラペラで止まらない。

娘は半年で英語をマスターしたのだ。学校でも自分の意見をはっきりしっかり述べるようになり、あまりの変わりように先生も驚いたという。つまり本来の娘の姿に戻ったのである。

それからの彼女は、根拠のない自信に満ちあふれた人生を、今も謳歌しているようだ。

●本と歌が大好き

カオリは小さい頃から本と歌が大好きだった。

私は彼女が寝る前に、必ず本を一冊読み聞かせをしていた。それは下の子どもたちが生まれてからも続けていた。はじめのうちは私が選んだ本だったが、そのうちいつもカオリが、自分の読んでほしい本を必ず一冊は持ってくるようになった。

小学生になると、学校の図書館で好きな本を借りてきて読むようになった。文字にすごく関心があり、何か書かれたものがあると読まずにはいられなくなる質だ。

日本に帰国してスーパーのトイレに入ったとき、じっと前を見つめて動かなくなったことがある。何やってるんやろと覗き込むと貼り紙があり「トイレットペーパー以外は流さないでください」と書いてあった。私らが気にも留めないような貼り紙や注意書き、広告にも、いち早く目を留めて読む。それは彼女の趣味の一つかもしれない。

小学二～三年生の頃にもこんなことがあった。家族旅行に出かけたとき、ホテルにその地域の観光スポットやおすすめのお店などが書かれた冊子が置いてあった。

私がバタバタと荷物を片付けている間、ずっと読んでいる。いつものことなので、もう読んでるわと、横目で見ていた。

その後家族全員で観光に出て、私は辺りを見回した。

「さあ、晩御飯どこに食べに行こう」

「なんちゃらっていう店が美味しいらしいよ。〇〇通りにあるって」

とカオリが言う。

「えっ、なんで知ってるの？」

「あのホテルにあった冊子に書いてあった」

「へー」

カオリの言うとおりに行ってみると、ほんまにその店があって、すごくおいしかった。読むだけではなく、店の名前や住所をちゃんと記憶してて助かる〜。


ＥＳＬの先生にすすめられて、カオリは一年生を二回過ごしていたが、三年生になるとき、改めていろいろな学校を見て回った。それまで通っていた小学校は、英語が母国語でない児童のためのＥＳＬのクラスがあり、国際理解教育に力を入れていた。

でも、Ａ市には個性的な公立小学校があちこちにあった。英語がわかるようになったし、ママ友・パパ友の話もいろいろ聞いて、転校を考え始めたのだ。

私が興味をそそられたのは、芸術系やスポーツ系に強く、大学のようにクラスが選択制になっている学校だった。ホームルームをするレギュラーのクラスもあるが、絵画、ダンス、オーケストラ、ミュージカル、器械体操など、どのクラスを取るか自分で決めていく。しかも芸術やスポーツは、能力別に選択できて、オーディションがある授業も設けられていた。もちろん、算数や国語の授業もあり、選択授業も設定されていた。
いや、この学校、面白そうやん。

カオリはここに転校した。歌が大好きな彼女にぴったりの、ミュージカルのクラスがあったからだ。

ミュージカルのクラスを選択できるって、すごい！　転校を決めて入学の手続きをしたら、「なんで三年生なの？　四年生の年齢でしょ？　成績も四年生で問題ない力があるわよ」との診断を受け、新学期を迎えたら、三年生を飛び越えて四年生の学級に入っていた。

その後、たまたま、ニュージャージー州で『エビータ』というミュージカルが上演されることになった。子役の募集があり、カオリは運よくオーディションに合格した。周りを見るとみんなタレント事務所に所属していて、ずぶの素人はカオリだけだった。

一週間公演のある一日、ミーハーの私は「子どもの世話をしまーす」と手を挙げて、裏方に回った。二回公演日だったので、一日中子どもたちの面倒を見ていた。

すると、主役級のミュージカル俳優たちが楽屋に顔を出し、子どもたちをねぎらってくれたのだ。

「みんな元気にやってるかい。だいじょうぶかい。君たちよくがんばってくれているから、歌のプレゼントを持ってきたよ」

おおっ、こんな有名なスターたちが目の前で生歌を――。私はうっとりと見つめた。舞台上のカオリもプロとして歌ってる。夢のような一日だった。

●近所のママさんに引っ張りだこ

生来の気質なのか、長女としての責任感からそうなったのか、カオリはめちゃくちゃ面倒見がよかった。三歳のときに下の双子が生まれたのだが、そのときも自ら進んで喜んで弟たちの世話をしていた。

双子をお風呂から出すと、私が何も言わなくても、タオルを取ってきて拭いてくれる。見よう見まねでおむつも替えてくれた。ちょっとはみ出たりもしていたが、大助かりだった。なにせ、その頃は毎日が混乱の極みで記憶がぶっ飛んでるほどだ。彼女の小さな手が、どれほどありがたかったかしれない。

ご近所さんにもその面倒見のよさが認められ、小学五年生ぐらいから、助っ人として近所のママさんに引っ張りだこになった。ちょっとしたお小遣いも得ていたのである。

私たちが住んでいた地域はすごくご近所仲がよく、年に一度必ずブロックパーティーを開いていた。警察に届けを出して大通りの交通を遮断してもらい、道路に机や椅子を出して、食べ物やお酒を持ち寄ったり、バーベキューをしたりする。我が家はお好み焼きを作るのが定番だった。

この家に引っ越してきたときから「ここは年に一回ブロックパーティーがあって、いいところよ」と周りの人に聞かされていた。ブロックによっては、開かれないところもあるという。ブロックパーティー開催は、この街区の人間関係がよい証だ。

私は英語ができなくてもできる役員を引き受け、みんなでおしゃべりしたり歌ったり、踊ったり、青空の下でお酒を飲んだりして、めっちゃ楽しかった。

アメリカではふだんは路上の飲酒は禁止されている。ブロックパーティーのときは申請をして許可をもらうのだ。いつもはあかんことがその日だけできると、特別感があってよけいに楽しくなるものだ。一日中笑い声が絶えず、子どもたちもお菓子をもらったりして仲良く遊ぶ。家族全員が参加するので、それぞれの人となりや価値観、思想などもわかってくる。

近所のママさん・パパさんたちとは、子どもたちを送り迎えするバス停で毎日顔を合わせて井戸端会議をしている。そこに交じって、カオリもよくしゃべる。そんな娘を見て、子どもの遊び相手になってほしいと思うママさん・パパさんが多かったようだ。

「お宅のカオリちゃん、マザーズヘルプに来てくれないかな？」

マザーズヘルプは、文字通り、その家のママさんのお手伝いをするもの。まだ小さな子どもたちと一緒に遊んだり、家事を手伝ったり。

カオリは大人気で、あちこちの家庭に呼ばれた。子ども好きで面倒見がよく、家事も幼い頃からやっているので、ほとんどなんでもできた。マザーズヘルプを頼むのに打ってつけだったのだろう。

後で思ったのだが、ママさんたちはこうしてカオリをマザーズヘルプに呼びながら、将来のベビーシッターとして育てようとしていたのかもしれない。カオリが高校生、大学生になると、今度はベビーシッターとして引っ張りだこになったのだ。

●ニューヨーク大学に家から通学

このように、小学生ながら、カオリはマザーズヘルプのアルバイトをするとともに、ガールスカウトの活動もしていた。私自身が小さい頃ガールスカウトに入っていて、楽しいキャンプの思い出があったので、彼女にすすめたのである。

リーダーはものすごくしっかりした人で、顔が広く、キャンプや福祉関係の活動を次々に企画してくださった。

年に一度は、ガールスカウトの本部が作っている、ガールスカウトクッキーを売り歩く活動があった。甘くておいしい人気のクッキーで、「いかがですか?」と各家庭を回ったり、広場に机を出して売ったりした。

中学生の頃、カオリは少女駆け込み寺のような施設を訪問した。そこには、十代で妊娠した女の子たちが保護されていた。その子たちに何が必要か聞いて、それを寄付などで集めて届ける。

このときカオリは、自分がいかに恵まれた環境にいるか実感したという。私にとっても、娘と同年代の子どもたちの境遇を知り衝撃を受けた。それもアメリカの一つの現実である。

娘はガールスカウトを十二年生まで続け、いよいよ大学に願書を出す時期になった。エッセイ、共通テストの成績、高校の成績のほかに、自分という人間を大学側に理解してもらうために今までの活動なども記載して、提出する。例えば、ボランティア活動、アルバイトやインターンの詳細、特技や課外活動などである。

A市は十二年生の終わりにシニアオプションという単位があり、職業体験をする機会が設けられている。カオリは友人のお父さんが勤務する会社に数週間、その後は国連で通訳をされている友人のお父さんに付いて、数週間国連にも通っていた。といっても連れていってもらって仕事を拝見した、という方が近いのではあるが。とにかく彼女は文章表現には長けているので「国連で通訳インターンの経験あり」となる。

その他のありとあらゆるアルバイトが、なにやら目に留まるすごい経験に変化していたのである。これも一つの才能ではある。

こんな調子で文字や言葉には長けている一方、理系はさっぱり。見事な偏り具合だった。アメリカでは学力テストのほか、それまでの活動も重視され、彼女は、州立大学、ワシントンＤＣにある私立の大学二校と、マンハッタンにある私立のニューヨーク大学に合格した。

アメリカの大学はめちゃくちゃ学費が高い。日本の国立大学が約五十万円なのに対し、当時の日本円で換算すると、アメリカの私立大学は高いところだと一年に八百万円くらいかかる。公立でも約四百万だ。

ヒェーッ！　こんなん絶対ムリやん。まだ下に三人もおるねんで。

これに寮費やら雑費やら入れたら破産よ、破産！　自慢じゃないが、うちはその頃（その後もだが）、お金がぜんぜんなかった。

「カオリ、お金ないから一番安いところに行ってー」

「いや、私はどうしてもニューヨーク大学に行きたい。奨学金もらうし」

「でも、寮費出されへんから、寮に入られへんで」

「それでもいいから、ニューヨーク大学に通わせてちょうだい。家からバスで通うから」

我が家の基本的な教育方針は、自分のことは自分でやらせる。金銭についても、親は必要最低限の援助をして、あとは、できるかぎり自分で稼いだお金でやりくりするよう促していた。

大学進学にあたっては、私たち親は、日本の国立大学にかかる費用と同額の五十万ほどを支援し、あとの学費はカオリが奨学金をもらい、さらに多額の学生ローンを組むことで調達する。交通費をはじめ、雑費は、通訳や翻訳などさまざまなアルバイトをしてまかなう。そして大学の寮には入らないという条件で、ニューヨーク大学に通うことに落ち着いた。

ニューヨーク大学まで、高速道路に乗ってバスで二十分ぐらいだが、とにかく渋滞が激しく、日によってはいつ到着するかわからない。

彼女は約束どおり二年間バス通学をし、三年生のときにはパリの分校に留学した。四年生になるとき「やっぱり寮に入りたい」と言い出し、寮長は寮費が無料になる制度を利用して、寮長として寮に入った。ドラッグや飲酒など、いろいろなトラブルがあり、その対処に奔走して大変だったようだが、無事卒業。日本の外資系コンサルタント会社に就職した。

でも、彼女には小さい頃から国連で働きたいという夢があった。私は詳しいことはよくわからないが、国連の職員になるには、言語はもちろんのこと、修士以上の学歴など、あれやこれやと条件があるらしい。それを満たすためなのか、カオリは休職して大学院に進学した。

東大大学院で一年学び、さらにコロンビア大学大学院で一年学んで卒業した。

阿吽の呼吸で通じる長男・次男

●以心伝心すぎるやろ

長男と次男が双子用のベビーカーから降りて、勝手な方向に走り出そうとすると、いつでもどこでも私はすかさず歌った。

「もしもしカメよ、カメさんよ〜」

すると彼らは反射的に、その場で固まってカメになる。連れのカオリも同じくカメになっている。このカメ作戦は、拡散防止したいときにめっちゃ効果があった。

並んで待たなくちゃいけないのに、ウロチョロするときはウマ作戦を発動する。

「おウマはみんなパッカパッカ走る〜」

するとニ人はウマになってグルグル回り出す。こうしてひたすら回らせて、順番が来るのを待つのである。

保育園でリトミックを熱心にやってくれたので、この歌が流れるとこの動作、この歌はこれと、彼らの身に沁みついているのだ。おかげで、危険な目に遭わせたり、他人に迷惑をかけたりすることを、少しは軽減できたのではないか？

ありがとう、リトミック！

双子の小さい頃は、記憶がぼろぼろになるほど、大変だった。でも、ちょっと大きくなると、二人で遊んでくれるのでかえってラクだった。

長男のマサトは、いつも自分のことより人のことを気にかける優しい子だった。

私は毎朝四人分の弁当を用意する。

「お弁当できたよ〜」

すると、マサトは「はいこれはアオバ、これはアヤコやで」と渡してやって、肝心の自分の弁当を入れ忘れる。

「マサト、まず自分のことを先にやって」

私が何度注意しても、彼は他人のことを優先して、自分のことはコロッと忘れてしまう。

一方、次男のアオバはマイペースで、自分のやりたいことをコツコツとやり通す芯の強さがあった。グループの中で、目立たないが、リーダーシップも取れる子だった。

マサトは常にアオバに合わせ、おもちゃを取られたりしてもすべて許してやっていた。

こんな二人で一人、一対というのがぴったりな息子たちは、めちゃくちゃ仲がよかった。

折り紙でカエルを百匹ぐらい作って、どれが一番飛ぶか、一日中楽しそうに飛ばして遊んでいることもあった。よう飽きへんな、と感心したものだ。

従兄からまわってきた、実家に代々伝わるプラレールを、二人で組み替えて延々と遊んでいることもあった。プラスチック嫌いの私だったが、家族の歴史を刻んでいるので、このプラレールだけは捨てるわけにもいかず、子どもたちに与えたのである。

成長しても二人の関係は変わらず、庭に小さい穴を掘り、ゴルフコースらしきものを作ってゴルフの真似事をしたり、木登りをしたり、野球の練習をしたり……。

とにかくいつも何をするのも一緒。なので、口を聞かなくてもすべて以心伝心で通じるらしい。

少ししゃべれるようになった、二歳の頃だったろうか。二人が並んでうつ伏せに寝転がってじーっとしている。何してるんやろと見ていたら、彼らは顔を見合わせて、目と目で「うん」とうなずいたかと思うと、いきなり別々の方向にダーッと走り出し、同じおもちゃを持ってきて、遊び始めた。

目と目でわかるって、恋人同士でもわからんやろ、テレパシーやん。

おまけに感情や体調も感染してしまうらしい。

アメリカに赴任するとき、成田で搭乗手続きをしている間に、不安だったのかマサトが急に熱を出した。おでこや頬っぺたを触ると熱い。これはまずい。しばらくするとやっぱりアオバも熱が出てきた。

アメリカに来てからも、ビザの関係で出国せねばならず、そのつど車でカナダに旅行に行っていたのだが、英語が苦手な夫が入国審査で毎回ケッタイな返事をする。なので、また変なこと言わへんかと気をもんで、心配しすぎてマサトが国境の手前で熱を出す。すると必ずアオバも発熱する。毎回、国境前で回復を待つのであった。

二人で仲良く遊んでくれるのは大助かりだが、調子悪くなるのも二人一緒。

あんたら、仲良すぎるで。

●三歳でプレゼン？

息子たちは、はじめはユダヤ教系の幼稚園に通っていた。その園では毎週金曜日に「ショーアンドテル」という授業があった。自分の好きなものや興味のあることについて、その日担当になった数人の子が、クラスのみんなの前で発表するのだ。

保護者はいつでも授業参観できるので、私は見学に行った。

息子たちが何を話したのか、記憶は定かではないが、まだ英語もままならない頃で、先生が上手に尋ねてくださって、一生懸命みんなに伝えようとしていたのを覚えている。

でも、他の子たちは、まだ三歳だというのに、お気に入りのぬいぐるみやおもちゃを持ってきて、なぜそれが大切なのか、どこが好きなのか、しっかり話した。

「このぬいぐるみは、おばあちゃんが僕の誕生日に買ってくれたんだ。毎日一緒に寝てるんだぜ。ふわふわして気持ちいいから大好き」

ああ、こんなに小さい頃から、自分の意見を堂々と言う訓練をしてるんや。これは素晴らしい、と衝撃を受けたことを今でも鮮明に覚えている。

もちろん先生が「素敵なものを持ってきてくれたね」とか「みんなによく見せてあげて」とうまく誘導してくれているのだが、子どもたちがシャキシャキ自分の考えを話している姿に、私は衝撃を受けたのだ。

アメリカでは、どこの幼稚園や学校でも普通に行っている授業だという。

日本でもやりたい――。心底そう思った。

こうして小さい頃から訓練していると、自分の言葉でしゃべったり、自分の意見をもち、考えをまとめて述べたり、ということが自然に身に付くはずだ。

カオリが中学生の頃、学校で「ショーアンドテル」みたいな授業をやっているのか聞いたことがある。「最近のニュースの中で、自分が一番みんなと共有したい、伝えたいと思う出来事を選んで、自分の意見を発表する」とのことだった。

どの学年になっても、考えてまとめ、さらに自分の意見を発表する授業は必ずあるという。

カオリが四年生の個人面談でのこと、国語のテストの問いに、本文に記載されている内容しか書いていないと先生に指摘され、「ん？　では何と書けばよいのか？」と尋ねた。すると先生は「自分の意見が全く含まれていないのよね」とおっしゃって、私は息を呑んだ。

「先生、娘は日本式の回答をしているんです。必ず自分の意見を書くようにと指導してください」

このあたりが、アメリカの教育の特記すべき点なのかもしれない。

●うちの子は賢くもないけどアホでもない

息子たちは、半年ぐらいユダヤ教の幼稚園に通い、プリケーと呼ばれる幼稚園に転園した。ここは半官半民で、保護者の前年度の収入によってその年の学費が決まる。絵画や音楽、運動、読書などの授業が興味深かった。自由に絵を描かせてくれるし、外で遊ぶときも先生方がそばでちゃんと見てくださり、大好きな幼稚園となった。

ちょうどその頃夫の給料が下がったので、一応園に言ってみた。

「実は夫の収入がだいぶ減っちゃって、でも子どもたちに水泳を習わしたりはしてるんですけど」

「あら、大変ね」

と審査対象にしてくださり、だいぶ学費が安くなった。

なんでも言ってみるもんや。

その後息子たちは、カオリも通ったＥＳＬのある小学校に入学し、三年生のときにやはりカオリと同じく、芸術系やスポーツ系に力を入れている小学校に転校した。

そこでは、二人ともオーケストラのクラスに入った。安い費用で小学生に楽器を貸してくれる楽器屋さんがいっぱいあり、彼らはサックスを選んだ。家でも二人で練習するのだが、そろって「ブッ、ブッ、ブッ」と鳴らすだけなので、聞いていてなんの曲か、全く予想がつかないのだ。

「ねえ、どっちかトランペットせえへん？　楽器違うほうが練習になって楽しいんちゃう？」

私がこう持ちかけると、マサトがそれいいね、と楽器を変えた。

「ほんなら俺、トランペットにするわ」

よかった。これで何の曲を練習してるかわかるから、聞いてるほうもずいぶん楽しいわ。

息子たちはオーディションを受けて、器械体操のクラスも取った。けっこう運動神経はよく、能力別クラスの階級で上から二番目のクラスに入れたのだが、その後全くオーディションを受けないので、卒業するまでそのままで、上のクラスには進級しなかった。

アメリカでは積極的にアピールできるかどうか、自分の意見をはっきり述べられるかどうかが、すごく重視されるのだと感じる。

ところが、息子たちは小さい頃から互いが一番の友達で、以心伝心でわかり合えるため、言葉の発達が遅かった。何か不安なことや嫌なことがあると、言葉が出なくて、ポロポロ泣いたり、熱を出したりしていた。

日本語がまだしっかりしゃべれないうちにアメリカに行ってだいじょうぶかと危ぶんでいたのだが、その不安は的中した。未熟な日本語のうえにいわゆる双子語を操り、追い打ちをかけるように英語が入ってきたため、ごちゃまぜになって、どちらも未熟。もちろん二人ともよくがんばったが、母国語の確立前に第二言語が入る、典型的な事例となるのは否めなかった。

言語能力が低いのか、あるいは性格的なものか、授業中に積極的に発言することはない。

「マサトもアオバも、授業に参加していません。どこにいるかわからないぐらいです。ずっと外を見ています」

先生と面談するたびにこう言われ、どうしたものかと……。

中学生になったとき、マサトはカオリの担任だった先生のクラスに入った。アオバは別のクラスだった。

カオリの弟という先入観が先生にあったのか、マサトは成績はまあまあそれなりだった。ところが、マサトと同じぐらいできているのに、アオバの成績は、まぁ〜ビックリするほどひどかった。

——なんでやねん。いくらなんでも成績悪すぎちゃう。

うちの子はみんなそんなに賢くはない。でもアホでもない。

ちょうど個人面談があったので、出席することにした。個人面談は、先生から呼ばれた場合は、何か先生側から保護者に伝えたい内容があると考えられる。そうでない場合は、行きたい保護者が行く傾向にある。先生としゃべれるいい機会なので、私は個人面談の通知が来たら、基本的には出席することにしていた。必ず夫婦そろって。

私は補習校で使っている分厚い数学と国語の教科書を持参し、アオバの担任の先生に言った。

「我が家が日本語を母国語とする家庭で、全員土曜日にこの補習校に通っていることもご存知だと思います。補習校では、この教科書を使って勉強しています。ちょっと見てください。もちろん日本語で全部読み書きもできるんです」

「ほう、全部日本語ですね、これが全部読めるんですか、すごいね〜」

するとと、数学の先生がエッという表情をした。

「アオバはこの数学の問題が解けるの？」

「はい。普通にはできるんです。日本語でも数学の問題が解けるんです」

私は補習校の通知表も見せた。

「アオバの成績です。ここが、数学、ここが国語、ここが……」

「へえー」

先生はしげしげと通知表を眺めていた。

一方、帰宅してアオバにも言い聞かせた。

「授業では、ちゃんと自分の意見言わなあかんよ。自分はこんだけできるんだってアピールしないと、誰も見てくれへんよ」

　日本ではテストの点で成績が決まりがちだが、アメリカでは授業での発表が重視される。それをやらないのなら、授業への参加意思が低いと判断されて成績が悪くなってもしょうがない。本来は私たち両親が先生にアピールするのではなく、アオバ自身が解決していかなくてはいけない問題だ。

「それに数学の先生が言うてたで。あんた、宿題をやり直すように言われたのに、やらなかったんやて？　なんで？　先生の言うこと聞かなあかんやろ。あんたが悪いんちゃう？」

「ちゃうねん。俺はやり直したけど、先生がやり直してないって言って認めてくれへんかってん」

「エッ、なんで？」

「暗算でチャチャチャチャッとやったから。やり直したって先生にはわかれへんかったんや。途中計算を書いてやり直しせんかったから」

「もう一人やり直せって言われた子がいるらしいやん」

「ああ、彼も暗算でやっちゃったからね」

　――なるほど。補習校で学習して九九ができるから暗算ができる、って理解してもらえなかったんやね。それにしても、暗算でやったって主張せんとあかんところやんか。

ほどなくアオバの成績はバンと上がった。

でも、私たち両親がアピールしたのがよかったのか悪かったのか、やっぱりアオバ自身に言わせないと、本人のためにならなかったかなと、今でも反省している。

●ところ変われば

息子たちは現地校で、先生に「いるかいないかわからない」「もっと積極的に参加せねば」と助言されていた。

でも、夏の間日本の学校に行くと、素直で協調性があり、困っている人がいたらさりげなく手助けをしている、と言われる。どの面を評価するかは、担任によって、あるいは学校・地域や国によって差があるのだろうか。

ただ、どちらの国でも、優しいと評価される。優しさは世界共通なのかもしれない。

私がA市を何気なく歩いてると、

「ひょっとしたらアオバのお母さん？　実はね、うちの子がこないだこんなに優しくしてもらったって言ってて喜んでます。ありがとう」

日本の公民館でのこと、

「あら、マサト君のお母さん？」

「はい」

「この間うちの子が優しくしてもらって……」

「ああ、そうだったんですか」

息子らにしたら、当たり前のことをしただけなのだろう。子どもたちは、隣の老夫婦宅のゴミ箱が出っ放しになっているとすぐに元の場所へ片付けたり、重い荷物を抱えている人を見るとさっと声をかけに行く。

毎年夏休みに帰国すると、みんなで私の実家に行く。高齢の祖父母やその友人やご近所さんと接することで、自然に身に付いた行動なのかもしれない。

彼らはご年配受けがいい。母が老人会の役員をしていたので、お仲間がよく家に遊びに来る。息子たちは「危ないから気を付けてください」とか「ここに掴まってください」などと優しく声をかける。そして、何も言われなくても「どうぞ」とお茶を出したりする。

すると「まあ、ありがとう」と喜んでくださる。

「ヒャァ〜、こんな小さい子たちが淹れてくれたんかいな、うれしいわぁ、それにしても小さいのにお茶を淹れられるってすごいなぁ」

相手が喜んでくれると自分もうれしい。するとさらにコレもして、アレもして……、といい循環ができるようだ。

人に優しくできるのは、心が成長している証。私にとっては何よりうれしいことだ。

●金欠のため日本の国立大学へ

息子たちはスポーツが大好きで、高校時代は、夏は陸上、冬はフェンシングに打ち込んだ。マーチングバンドに入り、充実した青春時代を過ごした。

大学受験の時期になり、二人とも無事アメリカの大学に合格。けれど、前述のように学費がめっちゃ高い。私は息子たちに言った。

「日本の大学も受けてみたら」

「それもアリやな」

息子たちは十二月生まれ、六月に卒業して日本の大学受験となると、約一年空白ができ、四月に入学したときには、年齢では一浪になる。そこで半年早く高校を卒業すべく、事前に単位を取得できる授業を選択しておいた。

ちょうどその頃、NHKで、北海道大学の恵迪寮《けいてきりょう》の特集があった。ほどなく、こんなニュースも流れた。大学の満足度アンケートをしたところ、北大生の満足度が一番高かったというのだ。たまたまそれらを見て、北大に行ってみたいという気持ちが芽生えたようだ。

二人そろって北海道大学、大阪府立大学、九州大学を受け、マサトは北大に、アオバは九大に合格した。

「できたら日本の国公立大学に行ってほしいな。うち、お金ないから」

何度も言うが、アメリカの私立大学は一年に八百万、日本の国立大学は五十万程度。

――そりゃあ、我が家の大人の事情ではどうしたって日本の大学へってなるやろ。

約五十万の学費と家賃は親持ちということで、親孝行な二人は日本に飛び立ち、北海道と九州に分かれて住むことになった。

生まれて初めて離れ離れになったので、不安だったらしい。彼らは下宿に帰るとパソコンをつけ、しゃべるわけでもないのに互いの部屋が見えるようにずっとネットをつなぎ、同じ空間にいるような雰囲気を味わっていたという。

――なんなん、それ。ほんまに毎日やってたってビックリやわ。

北大に進学したマサトは、三年生のときに北大からパリ政治学院に留学した。

私は若い頃に母国語ではない国に住むのは、すごくいいことだと思っている。私自身、アメリカに来て四苦八苦したが、いい経験でもあり、心の伝え方やそれぞれの文化の違いなど、学んだことが多々あった。子どもたちにも、英語圏以外の国への留学をすすめていた。ちょっとは両親の苦労もわかるかも？

カオリも三年生の一年間パリに留学した。アオバもスウェーデンのストックホルムへの留学が決まっていたのだが、残念ながら新型コロナの影響で行けなくなってしまった。

アオバは大学でもフェンシングを続け、合わせて能楽部にも入り、観世流の稽古を積んだ。実は私の父は教諭だったが、観世流の免許も持ち、退職後は師匠について習いながら教えていた。

私は日本の伝統文化を積極的に子どもたちに伝えたいと思っていたので、帰国するたびにちょっと稽古をつけてもらっていたのだ。

たまたま九州大学には能楽部があり、しかも同じ流派だったので、アオバは続けられたのである。

卒業後、マサトは日本の商社に、アオバは日本のメーカーに就職した。彼らはいまだにスポーツが好きで、マラソンや山登りをしたり、東京から長野まで通い、リフトの年間パスを買ってスキーも楽しんでいる。

もちろん、今でも互いによき相棒だ。生まれてきた瞬間から「双子で大変やね」と言われ続けてきたが、今だから言える。

「双子で生まれてきてくれてありがとう」

Kポップ韓ドラ大好き！　最小限の努力に尽力する次女

●芸術系の小学校で本領発揮

末っ子のアヤコは、私が三十八歳のときに生まれた。長女のカオリとは約七歳、マサト・アオバとは約四歳違いだ。カオリはまるで小さいママのようにアヤコの世話を焼き、息子たちもかわいくてしかたないらしく、猫かわいがりした。夫もアヤコには大甘で、我が家のペット的な存在だった。

アメリカに来たとき、アヤコは七ヵ月の乳児だった。もちろん、まだ言葉はしゃべれない。私と夫はアヤコに懸命に話しかけ、日本語をシャワーのように浴びせた。私が大学時代に得た、言語習得に関わる知識をフル動員して、いいといわれることを全部そのまま実践した。

アヤコが一歳になった頃、例のバス停でママ友に声をかけられた。

「アキコ、預けないの？」

そのママ友の三番目の子が、アヤコと同い年だったのだ。

「エッ、こんな年から預けるとこあんの？　私働いてないけどええの？」

「いいのよ。並ばないと取れないところなんだけど、明日並びに行くからアキコも一緒に行く？」

「行く、行く」

私たちは並んで、同じところに入れたのだった。

そこは教会で「マザーズモーニングアウト」というプログラムがあり、週二回、午前中だけ子どもを預かってくれる。簡易な保育園という感じだ。日本では保育所は親が働いていないと預けられないが、ここは乳児の幼稚園のような場所だった。

近隣のママさんたちは、子どもを預けたら、それぞれやるべきことをすませなければと急ぎ足で去って行く。

いざ一人のときにやっておきたいこと、となると少し考える時間を要したが、私は近くのプールもあるジムに通うことにした。週二回でも、一キロ泳いでサウナで汗を流すと、かなり気分転換できた。

アヤコが三歳になると、息子たちも通った幼稚園に入園させた。以前と変わらず素敵な活動内容で、私のお気に入りの園だ。

小学校に入る前の夏休みには、A市ではみんなスクリーニングテストなるものを受ける。とある施設に通い、発達の様子や英語力などを見てもらうのだ。息子たち二人はこのテストの判定で、ＥＳＬのある小学校に入学した。

アヤコは乳児の頃から英語に触れていたので、ギリギリのラインと教育委員に判定された。

「ＥＳＬに行きたかったら行ってもいいけど、行かなくてもだいじょうぶな気がするわ。どうする？」

私は、ＥＳＬはないけれど、カオリたちが転入した学校のような、芸術系やスポーツ系に力を入れている小学校が、音楽やダンス、絵を描くことも好きなアヤコにはピッタリの学校だと思った。

とはいえかなり悩んだのも事実。我が家にとっては重大な決断だった。

「ＥＳＬは辞退します。必要であればまたそのときにお願いします」

カオリは四年生から、息子たちは三年生から入った小学校の系列で、低学年用の学校があった。日本の幼稚園の年長さんにあたるキンダーから、小学二年生までの三年間通うのだ。アヤコはそこに入学した。

このように、六年通年で通う小学校もあれば、低学年だけ、高学年だけの学校もあり、それぞれ得意分野も違うというふうに、Ａ市の学校はめちゃくちゃ幅広くて面白い。

低学年用の小学校も、やはり大学の授業のように、どのクラスを取るか選択制になっている。キンダーの子も、ちゃんと行きたいクラスを選ぶのだからびっくりだ。

音楽系のクラスには、息子たちが選択したオーケストラ予備軍のような授業や、カオリが学んだミュージカルのほか、ダンスや歌などもある。さらに芸術系列の中学校に上がると、オーケストラも、ジャズバンド、オーケストラ、ブラスバンドなど、いくつかのクラスに分かれる。その頃には場所柄もあって、ブロードウェイの舞台に立つ生徒もちらほら。国語や算数などの教科もレベル分けされる。飛び級もあり、できる子はどんどん上のクラスに進める。もっと進むと、高校にはレベルに合った授業がないため、近くの州立大学で数時間受講することになる。

外国語も選択できるので、アヤコは中国語を選んだ。キンダーのときから中国語を習った甲斐あって、少しは話せるようになった。そのほか、ダンス、オーケストラ、絵画などのクラスを選択していた。

アヤコは「クラリネットとトランペット」の授業で、軽いからという理由だけでクラリネットを選んだ。

その後、上の三人が転入した高学年用の小学校に入り、アヤコはドラムを選んだ。その学校のドラムはめっちゃ有名で、それが目当てで入学する子もいるぐらいだった。日本でいう鼓笛隊である。ドラムはかっこいい。

担当の先生は指導力と交渉力を兼ね備えており、メットライフ・スタジアムやバークレイズ・センター、マディソンスクエアガーデンなどに子どもたちを連れていって、ハーフタイムショーで演奏させてくれた。

オーディションで一番上のクラスに入らないと出演できないのだが、アヤコはアピールがうまかった。

お友達も一緒になって言ってくれた。

「先生、アヤコちゃんはとっても上手だから入れてあげて」

アヤコは末っ子でみんなにかわいがられ、姉や兄を手のひらで転がすのがうまい。自然に周りが協力して助けてくれるので、いつも最小限の努力で目的を達成する。はたから見ているとほんまに要領のええ子や。

「友達が先生に言ってくれたから、私むちゃ下手やのに入れたわ」

アヤコが名だたるスタジアムで、アメフトやバスケットボールの試合の合間に演奏するのはまことに喜ばしいことではあるが、チケット代が高い、高い。それでも娘の晴れ舞台を見たい一心でチケットを買い、夫と二人でニューヨークまで行った。ニューヨーク・ジャイアンツやニューヨーク・ニックスの観戦もできたし、いやぁ、ほんと楽しかった。

中学も同じ系列の学校に進級した。カオリはミュージカルの舞台で歌ったが、アヤコは舞台デザインを選択した。

こんなふうに、彼女はキンダーからずっと同じ系列の学校に進み、好きなことばかりして、宿題は通学中のスクールバスですませていることが多かったし、毎日がすごく楽しそうだった。

私もこんな小学校や中学校に行きたかったなぁ、と羨む日々だった。

●転校先の中学はまた一味違う

アヤコが中学に入ると、私は補習校の初等部の教師になった。前々から、免許持ってるんだったらやってみないかと校長に声をかけてもらっていたのだが、自分の子どもが初等部にいるうちはと気がすすまなかったのである。

「せっかくアメリカに住んでいるのですから、アメリカに住む日系の人たちのために、ボランティアしませんか。日系社会への奉仕と思ってはいかがですか」

この奉仕という言葉にハッとした。子どもを育ててもらった社会に、自分にできることで恩返ししなければ——。そう考え、アヤコが中学に入ったのを機に引き受けたのである。

補習校の校長も教頭もほめ上手な方で、事前の指導も熱心にしてくださった。

補習校まで車で二十分程度と距離的にも近く、依頼があったときだけ出向く緩やかな勤務形態から始めたのだった。それでも、久しぶりに子どもたちを教えるのは、刺激的で楽しかった。ここが私の居場所だと悟った瞬間だった。

そんなある日、突然大家さんがやってきた。

「契約の期日、昨日までだったよね。じゃあ、契約解除のサインして。契約上、一ヵ月後に退去ですね」

「エッ？」

寝耳に水だった。

私はすぐさま夫を問い詰めた。

「継続のサインするって言うてたやん。どうなってんの？」

「一日ぐらい遅れてもかめへんやろと思っててんけど、へぇー、出ていかなあかんねんや」

「エーッ、なんやのそれ」

夫のいいかげんさには慣れっこになっていたが、このときばかりは呆れて物も言えなかった。

「マサトとアオバはもうちょっとで高校卒業やで。アヤコも喜んで今の中学に通ってるのに！」

「しゃあないな」

夫はケロッとしている。

頭の中に闘いのゴングが鳴り響いた。

「あのなー」

と、言いかけて気が付いた。喧嘩している場合ちゃう。とにかく引っ越し先を探さんと。一ヵ月以内に、荷物をまとめて出ていかんとあかんのや。

子どもを転校させたくないので、同じ町で必死に貸家を探し回ったが、ない、ない、ない！

たまに空き家があっても、家賃がめっちゃ高くてとても手が出ない。

C市に何とか借家を見つけてすぐさま引っ越しした。ほんまにこのときは大変やった。でもなんとかなるんやね。

高校卒業目前だった息子たちも、八年生に進級するはずだったアヤコも、転校を余儀なくされた。私は通勤時間が倍の四十分ぐらいにはなったが、補習校まで通えない距離ではなかったので、そのまま仕事を続けた。

C市はA市と近く、さほど離れてはいない。けれど、驚くほど、町の雰囲気が違った。アメリカって面白い。

意外にもアヤコはすぐに新しい中学になじんだ。

「みんなすっごく頭よくて、プロジェクトやっても、私の出る幕がないぐらい、全部ちゃんとやってくれるねん。むっちゃラクや」

とにんまり笑った。

この頃、アヤコはKポップにはまっていたが、C市の学校にはKポップファンがたくさんいた。

そして、カオリが小学生の頃からずっと続いていた「弁当問題」も時代とともに片付いたのだった。

私は子どもたちに、いつも日本の弁当を持っていかせていた。日本ではまったく普通の、ご飯におかずを入れた弁当なのだが、周りはほとんどがサンドイッチなので、風変わりな弁当に見えたようだ。

この問題に一番苦悩したのがカオリだった。おかずにこんにゃくが入っているときが、最悪だったという。こういう食べ物やと説明しても、「なんか見たことないものを食べてる」と言われる。ヒジキも、「わっ、これなぁに？」と言われる。デザートに羊羹を持っていくのも気が引けたそうだ。

「いちいち説明するの面倒くさいし、めっちゃ嫌や。みんなと一緒のサンドイッチにしたい」

何回かこうカオリに訴えられたが、私は却下した。

「これは日本のお弁当で、何も恥じることはないし、逆に日本文化を伝えられるええ機会やん。そのつど食べ物の説明したらええねん。堂々と持っていき」

カオリの頃はまだ日本食はよく知られていなかったので、よけいにきつかったのだろう。その後日本食は日常食になりつつあり、「BENTO BOX」も当たり前になってきている。おにぎりなども知られるようになったので、アヤコはずいぶんましだった。それでも、説明しなければならない弁当に変わりはなかったけれど。

でも、C市で仲良くなった友人は日本に興味があって、お弁当を開くと「ああ、それおいしいよね」と共感してくれた。「いいな、そんなん食べられて、日本食っておいしいよね」と羨ましがられたりもする。無印良品の文房具や日本のアニメなんて、彼らのほうが詳しかったりする。

アヤコはこの中学で興味関心が似通っている友達がいっぱいできた。

ただ、すごい教育ママ・パパもいた。いわゆる「タイガーママ」で、いくらなんでもやりすぎやろ、と思うことにも遭遇した。

「タイガーママ」は、中国系のアメリカ人ママが出版した『タイガー・マザー』という本から広がった言葉で、その本にはものすごいスパルタ教育ママゴンが出てくる。

　娘の話を聞いているかぎりでは、それってタイガー・ママ？　正しくタイガー・ママやん！　と感じるママさん・パパさんが少なくなかった。

「ほんまにみんなよう勉強してるし、とにかく勉強できるねん」

　とアヤコも感心している。

「近所なんやから、遊んできたらいいやん」

　と私がすすめると、

「いや、みんな遊ぶ暇なんてない。この間、今やったらママいないから、ちょっと遊びに来ていいよって言われたけど、そんなん行かれへんわ。お母さんがいない間においでって、そんなん恐ろし過ぎやろ」

「そないに勉強して、将来は何になりたいと思ってるん？」

　彼らは全員、将来医者になるという。

「エッ、みんな？　みんな医者になるの？」

「そうやて、医学部以外は大学ではないんやって」

「………」

　アヤコが、将来自分は盲導犬の訓練士になりたいと言うと、ドン引きされたそうだ。

「えっ、あんたそんなこと言って、勘当されへんの?」

●最小限の努力で最大の結果、無事進学

究極のさぼりたがりだった彼女は、頭脳明晰な友達がグループプロジェクトを全部やってくれるからラクできて超ラッキー、としか思っていない。

ただ、彼らがプロジェクトをテキパキやってくれるのは大歓迎だが、優秀すぎるのが悩みの種だという。

「みんなのレベルが高すぎて、勉強むっちゃしんどいねんけど」

なら自分もがんばって勉強すればよいと思うが、まったくやらない。幼い頃から周りにかわいがられ、要領のよさですいすいここまで来られたので、甘い考えが染み付いているのだろう。

授業は午後二時四十分に終わり、陸上部の部活をやって五時頃に帰宅する。宿題をちょこっとすると、その後はずーっとKポップを歌って踊って、韓ドラを片っ端から観る。よう飽きへんなと思うぐらい、毎日それの繰り返し。

いくらなんでも少しはやれよ。ほんまに恥ずかしいな。

あまりにも成績が悪すぎるので、さすがにこのままではやばいとやっと気付いたらしい。

「ちょっと挽回するわ」

十二年生の後半になって、ようやく彼女なりに勉強を始めた。遅すぎやろ――。しかしやったぶんだけは成績はビッと上がり、一番行きたい大学には落ちたが、なんとかニューヨーク大学に受かった。

「アメリカで数少ない Animal Rights が学べる！」

と、進学したのである。

ところが、あの新型コロナの影響で、講義はすべてリモートになってしまったのだ。

「授業内容はむちゃくちゃ面白いねんけど、リモートばっかりでなんか学生生活面白くないわ。ぜんぜんキャンパスに行けへんのに、学費が高いのもアホらしいな」

と彼女が言い出した。

「日本の大学って一部対面式やねんて、やっぱり日本の大学受験するわ」

今まで通った分の学生ローンの返済は、彼女の肩にドーンとのしかかっている。学費を考えると、なおさら日本の大学のほうがよいと思ったようだ。

二月に日本へ飛び、リモートでニューヨーク大学の授業を受けながら受験し、無事東大に合格した。その春アヤコはアメリカに戻ることなく、日本で大学生活を始めたのだ。結局ニューヨーク大学は一年生の九月から三月まで全てリモート授業で、一度もキャンパスに通うことなく半年間在籍しただけだ。年齢的には、現役で東大に合格したことになる。

●動物の権利を守るためにヴィーガンに

中学時代のアヤコの夢は、盲導犬の訓練士になることだった。我が家では犬は飼っていなかったが動物が大好きで、近所の犬のお世話を喜んでやっていた。

「あんた中国語ができるから、パンダの世話とかええんちゃう？」

今振り返ると、どういう理屈や？　パンダは中国語がわかるんか？

日本に帰国したとき、彼女をパンダのいる神戸の王子動物園に連れて行き、事務所の扉を叩いた。

「実は娘が動物に興味があって、ちょっと飼育員さんのお話を聞かせていただきたいんですけど」

お忙しいなか、とても丁寧に説明してくださった。

「公務員なので、配属はどこになるかわからないのよ」

その後ニューヨーク大学に入ったときに、アヤコは動物の権利について学んだ。大好きな動物のことなので、真面目に勉強したようだ。

そして、動物園がいかに動物の権利を侵しているか知った。

「もう、動物園とかムリ。私は動物の権利を守る仕事をやりたい」

百八十度考え方を転換し、必然的にヴィーガンになった。ヴィーガンはベジタリアンよりもっと厳格で、肉や魚はもちろん、動物由来の乳製品や卵も一切口にしない。完全菜食主義者だ。

我が家では、長女のカオリが牛乳アレルギーだったので、小さい頃から食事にはすごく気を遣い、乳製品も卵もすべて排除していた。スーパーで買い物するときは、成分をすべてチェックし、できるだけオーガニックのものを購入した。

市販のソースやドレッシングも油断できない。だいじょうぶと思って使ったら、急にブツブツが出て焦ったことがある。なので、すべて手作りだ。もちろんおやつも市販品はだめだ。干しいもとか蒸しパンとか、寒天ゼリーにあんころ餅とかを、せっせと作った。

まさか自分がそんなことをするようになるなんて、若い頃は想像もしなかった。

今思うと地獄の試練やった。ほんまにようやったなぁ。

でも、今は娘たちも成人して自分で判断できる。

「自分の身を守るのは自分だけなんやからね」

と言い渡して、好きなようにさせている。

小さい頃よりはましになったが、カオリは今もアレルギーがあるので、ショックが起きたときのためにエピペンを持ち歩いている。

一方、アヤコは自分の信条に従って、もっと厳しい食事制限が必要なヴィーガンを選んだ。東大で何か食べようと思っても、ヴィーガンカレーしかないそうだ。

「毎日、ヴィーガンカレーや。アメリカの大学やったらもっと選択肢あるんやけどなぁ、宗教に合わせた食事もあるしなぁ」

アヤコは只今、絶賛就活中である。

エピローグ——お父さんみたいな軸のない人が理想⁉

二〇二〇年、コロナ禍で外出もままならないので、私はみんなに提案した。

「NHKのど自慢に家族で出えへん？」

ついにリモートでの開催が決定し、その第一回目の出演者募集の発表があったのだ。ニュージャージー州からの参加も可能だった。以前から子どもたちはそれぞれ一人で出たいと言っていたが、抽選で選ばれ、さらに予選会を突破するのはなかなか難しい。

「今がチャンスや。ビデオで応募できるし、六人家族があちこちから参加して、そろって歌ったら、絶対出演できるで」

「やろ、やろ」

お調子者の夫はノリノリだ。

子どもたちもすぐその気になった。

「よし、やろうぜ！」

そのとき、マサトは北海道、アオバは九州、カオリは東京、私と夫とアヤコはニュージャージーにいた。それぞれネットでつないで画面を共有し、フィンガー5の『恋のダイヤル6700』を歌って録画した。それをアヤコが編集して、テレビの制作会社に送ったのだ。

リモートでの出演が決定！　それも最初、一組目で出場するのだ。

夫は薄毛を隠すためか、ノリなのか、もじゃもじゃのかつらをかぶり、サングラスをかけ、一人、コスプレをしていた。

司会の小田切アナにコスプレをいじられる。

テレビの画面は四分割され、六人の笑顔が映っている。

――さあ、いくで。

北海道、九州、東京、そしてニュージャージーをつないで、家族六人、心を一つにして熱唱した。

「リンリンリリン　リンリンリリン♪　リンリンリリン♪　……」

さて結果は？

「きん、こーん」

残念ながら鐘二つだったが、めっちゃ楽しかった！

夫は最後にかつらを取って挨拶し、超男前（？）の容姿を披露した。

あれから四年経ち、今年、私たち夫婦は仲良く還暦を迎えた。

最近、娘たちが口をそろえてこう言うようになった。

「お父さんって、ほんまに軸がないよな。以前は頼りなくて嫌やと思ってた。でも今になって思うと、軸がないのが良かってん、そのおかげでうちらは、ちゃんと行きたい道に進めたんとちゃうかな」

彼女らは日本で生活し始めて、見聞きしたり、人と触れ合ったりするうちに、大いなる疑問を抱くようになったらしい。

「とにかくいつも偉そうにして、どうでもいいうんちく垂れて、女性には説教する男性が多いねん。その行為、マンスプレイニングってわかってるんかなぁ」

アヤコが顔をしかめると、カオリも同調する。

「そうや、いまだに家長制度みたいなもんが残ってんねんで、信じられへん。友達とこのお父さんは、普段は家おらんで子どものことにはあんまり関わってないんやけど、進路とかには口出して、当たり前のように自分の意見を押し通して、子どもの意見聞いてくれへんねんて。ちょっとびっくりしたわ」

そして、二人ともこう言う。

「頼りないと思ってたけど、軸のないお父さん、ええなあ。私も結婚するなら軸のない人」

一周回って、父親を見直したらしい。

そう言われてみれば、夫はたしかに頼りないけど、エラぶったり、カッコつけたりはしない。わからないことや知らないことは「俺わかれへん、知らんから、あんたがやって」とすぐ私に頼る。私だけではなく、子どもたちにも頼る。

例えば、アメリカに駐在する日本人家庭では、病院や役所に手続きに行くとき、奥さんが一人では英語が心許ないからと、ご主人が年休をとって付き添う人が多いと聞く。

一方我が家では、夫のほうが「俺一人ではムリ。一緒に来て」と、私や子どもたちに頼んでくるのが常だった。

「お父さん、かっこ悪。少しはええかっこしようとか思わへんの？」

などと、子どもたちによくいじられていたものだ。

夫はいつも自然体で、変な見栄や意地は張らなかった。

「お母さんは折れへんところは絶対に折れへんけど、お父さんは軸がないから、いつもお母さんの意見に同調してたやん。だから私ら、ブレずに育ったんちゃうかな。お母さん、気が付いてる？　お父さんなくしてはこの家族はないねんで」

「よう考えたらそうかも」

そう言われると、私もうなずかざるを得ない。

ほんまによう喧嘩したけど、こんな夫やからここまで来れたのかもしれん。気恥ずかしいから、心の中でこっそり「ありがとう」と言うとこ。

子どもたちもいっちょまえの口をきくようになり、自立のゴールは目前だ。

これからは自身の目標に向かって、長い道程を行かなければならない。周りの人への感謝の気持ちを忘れずに、健康第一で、楽しみながら生きていってほしい。

お父さんも、お母さんも応援してるで！


最後になりましたが、この本を執筆するにあたり、文芸社のスタッフのみなさんに大変お世話になりました。この場を借りてお礼申し上げます。

丁寧な助言をしてくれた数々の友人、励まし、支えてくれた家族に感謝でいっぱいです、ありがとう。

二〇二四年八月

野口　晶子

著者プロフィール

野口 晶子（のぐち あきこ）

大阪市生まれ。長女、双子の長男・次男、次女の4児の母。大阪教育大学卒業。大阪市の公立小学校の常勤講師として2年、公立中学校の英語教諭として10年勤務。2002年、末子が7ヵ月のとき、夫の海外転勤に伴い渡米し、以来アメリカ在住。ニュージャージー州日本語補習校の初等部教員として7年勤務。

長女はニューヨーク大学を卒業後、一般企業勤務を経て、東京大学大学院で1年、コロンビア大学大学院で1年学ぶ。長男は北海道大学、次男は九州大学に進学。次女はニューヨーク大学で半年学んだ後、東京大学に進学。

自身の子育て経験や教師経験、アメリカで学んだペアレンティングなどを活かし、肩の力を抜いてラクに子育てする方法を、アメリカから発信している。

子育てのゴールは自立やでぇ〜

2024年11月15日　初版第1刷発行

著　者　野口 晶子

発行者　瓜谷 綱延

発行所　株式会社文芸社

〒160-0022　東京都新宿区新宿1－10－1

電話　03-5369-3060（代表）

03-5369-2299（販売）

印刷所　株式会社エーヴィスシステムズ

ISBN978-4-286-25530-9